旅歌
ダイアリー
ナオト・インティライミ

さあ、どこへいこう
どこだっていけるさ
エチオピア

緊張してたらもったいない
楽しまなきゃ

F17
HSBC

LITTER
Exclusive Offer

また後で、はない。

今やるか、やらないか。

Now or Never!!

NAP
SNAP COMPUTE

ማክዶና ፒዜሪያ እና
Macdona Pizzeria &
ልዩ ጣዕም

ほんの一秒の目での会話
それでも僕らは奇跡的に巡り会えた
「こんにちわ、さようなら」

Be strong

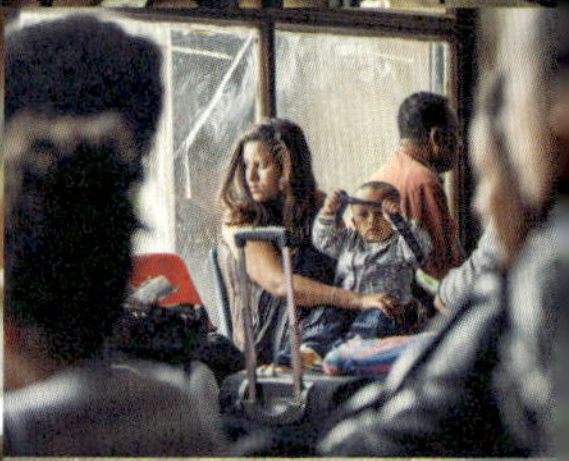

Ethiopian

それが何かは分からないが何かしらを感じたということは
そこに何かあるに違いない

9月16日（日）
成田発→ドバイ行き機内にて

あの世界一周の旅の終わりから8年。久々のバックパックの旅に出る。
その間、2度目のデビュー。2度目の失敗。
野良犬浪人期、ミスチルコーラス、3度目のデビュー。
そして、初の武道館LIVE……。デビューして2年半、ようやく始まった。

ブランクがあること＆エチオピアというDeepな国であることで、3パーセントの不安を抱えながらも、ひたすら楽しみだ。
今の自分が何を感じ、どんなものが新しく自分の中に生まれるのかが、とても興味深い。
あの世界一周の旅のときと感性はどう違うのか。
旅のスタンスはどう変わるのか。
33歳のナオトよ、エチオピアで何思ふ??
頭で考えたり、計算はいらない。
感じるままに、気の赴くままに。
思考の表と裏、天と地がひっくり返るような良き旅を!!!

いざ!!　アフリカへ!!

9月17日（月）

ドバイ→アディスアベバ　旅初日

23歳の自分が感じたこと。
今、33歳になった自分はどう感じるのか、とても興味がある。
変わったこと。変わってないこと。
バックパックはとりあえず、腰にずっしり重い。当時よりきつい印象。
頭で考えるよりも、まずは直感に従い、行動するのみ。
そしたら、気がついたら、物語は生まれているものだ。
旅とは、無茶しようと思わなくても、勝手にいろんなトラブルや奇跡が起きていくものだ。

成田から11時間でドバイ。
機内寒すぎる。もはや冷凍庫。ダウン必要級。
寝たり、本読んだり、音楽聴いたり、ストレッチしたりしてたら、意外にあっという間だった。
トランジットのためドバイの空港で6時間待ち。トラン「ジット」とはいえ、「じっと」空港で待ってるのはきつい。
それなら動くべし。
心のまま動くべし。
思いついたらすぐ行動。
それがナオト流地球の遊び方。
っということで急遽《きゅうきょ》、ドバイの街にタクシーで繰り出すことに!!

緊急、早朝ドバイ!!　朝マック、朝カレーならぬ、朝ドバイ。5時半から7時半のドバイ。
南国で、ヤシの木が道路の両脇に立ち並び、その間を通ると、あぁ、南国に来たなぁと実感できるあの感じで、見事に左右に高層ビルが並び、その間を通っていると「ガリバーの冒険」のガリバーの逆バージョンのような気持ちになる。

大男たちの世界に迷い込んでしまったかのような。

街のスケールがすごい。ぬくもりはないが、迫力はある。さすがアラブNo.1の最先端都市「ドバイ」。

世界一の高さを誇る「バージュ・カリファ」。828メートル。めっちゃ細く、ガリバーもささったら痛そう。

世界中のセレブたちがこぞって泊まるという7つ星ホテル「バージュ・アル・アラブ」。1泊20万だそうだ。

ちょっと離れたビーチから指をくわえながら眺める。その指で、「えいっ！」ってな具合につまんでやった。

朝のビーチ気持ちよし。砂漠のようなビーチ。砂漠ビーチ。

なんでドバイのビーチに今いるんだ？　っと、急遽のドバイ巡りをふと、笑う。

このドバイにドバイ人はたったの2割しかいないそうだ。残りは、世界のやり手企業か、あるいは出稼ぎに来てる他の国のアラブ人やアジア人で構成されてる模様。

もうちょっと、庶民のエリア「ダウンタウン」を眺めて、空港に戻る。

いわゆる弾丸ドバイの終焉《しゅうえん》。

バイバイドバイ!!

朝10時ドバイ発。

4時間半でエチオピア首都・アディスアベバに到着。標高2500メートル。ボリビア・ラパス、エクアドル・キトに続いて、世界で3番目の標高の首都。

日差しは強いが、湿気がなくカラッとしていて気持ちいい。

空港からホテルへの移動中、日本の生活からダイレクトに来たからこその衝撃を感じる。

この初日の感覚はしっかり焼き付けておきたいと思う。
信号で止まるたびに、物乞いが次から次へと寄ってくる。
鼻水を垂らした赤ちゃんを抱っこしながらお母さんが。裸足の子供たちが。松葉杖、あるいは、目が片方見えていないと思われる障害者が。
日本ではまず見ない光景。

16時。チェックイン。
ボーレー地区、ファローブティックホテル。クラス的には下の上といったところ。パッカーからしたらちょい奮発。普通の旅行者からしたら、汚いホテルといったところだろうか。

ホテルを出てしばらく歩いてると、目の前でケンカがおっぱじまった。取っ組み合いの激しいやつである。しかも……まさかの女子高生くらいの若い女の子同士!!
慌てて止めに行くが、えっ？　ってぐらい力が強く、なかなか二人を引き離せない。もう一人、通りがかりの男性も加勢し、二人がかりでマンパワーをフルに使い、ようやく止めることができた。
もし彼女たちと相撲をしたらきっと負けるだろう。
道端で女子高生同士が取っ組み合い。これもまた日本ではあまり見ない光景だ。

17時半。
空港からホテルへの移動中に見えた広場でサッカーをしていたので、すぐやりにいく。
まずは何はともあれサッカーだ。
マスカル広場。活気がすごい。
サッカーをする青年たち。その周りをおじちゃんや子供たちが雑多に入り乱れている。
コンクリートの上で、石を置いてゴールに見立てて試合をしている。広場いっぱいに、7、8面で試合が行われている。
一緒に蹴りたい、仲間に入ーれーてー、とノリで入れてもらおうとしたら、断られる。洗礼。
仕方なくその隣のコートになだれ込む。
「お前、蹴れるのか？　ちょっとやってみろ」とボールが回ってくる。
リフティングをする。最後頭にのせると、「お前やれるな、よし、一緒に蹴ろう」と、オーディションの合格を言い渡された。
最初のプレーで相手を抜き、ゴール。そこから信頼を勝ち取り、どんどんボールが回ってくる。
何が面白いって、試合中、コートの中に人が入りすぎなのだ。まあコートといっても線があるわけじゃないのだが、見物しているおじちゃんたちも子供もサイドに普通に入っているし、グラマーなお姉ちゃんが2人、普通に話をしながら横切っていったり、トラックや車が10分おきに試合中のコート内を突っ切ってく。
この雑多感がたまらない。
試合中の中断がハンパない。外国のストリートサッカーにありがち。
どちらのチームも激しく自分たちの言い分だけを言い、どちらも折れず、20分間試合が止まる。
彼らはボールがラインをわったかどうかでもめ、ファールかどうかでもめ、ゴールかどうかでもめる。いちいちプレーが止まる。
最初の中断のときはもういいから早くやろうぜ！　と言ってたが、次の中断では、自分のアシストでの味方のゴールを、いちゃもんつけられて取り消しにされようとしているのだから、たまったもんじゃない!!
エチオピア人に交ざり、エチオピア人に負けない気迫で、言い争い!!
ふざけんな!!　どう考えてもゴールだろうが!!
20分くらい言い合ってただろうか。あとで一緒になって言い争ってた自分に笑う。
結局、旅に出たらすぐ旅の感覚になっているのが面白い。

19時。結局負けた。悔しい。

こういうストリートサッカーでも、楽しみながらも負けてはいけない。負けていい試合なんか1試合もしたことがない。だから悔しい。

ちょっと前がかりになりすぎた。もっとボランチ的位置で、ゲームを支配できていれば、楽な試合運びになったはずだ。

もっとうまくなりたい。

今日よりも明日。明日よりも明後日。

20時。「ハビシャ2000」という老舗《しにせ》ローカルレストランで食事。

インジェラという、イースト菌で2、3日発酵させて作るクレープ的なもの。ふわふわしてて、酸味がある。そりゃ発酵させてるもの、すっぱいわ。それに、野菜炒め的なものやひき肉などを挟み食べる。どうやらこっちの人は1日3食、このインジェラを食べてるそうだ。

ビールが美味《おい》しい。代表的な銘柄「セントジョージ」。あっさりしていて癖が少なく、日本のビールに近い。

伝統音楽をバンドが演奏している。5人すべて伝統楽器。キラールという竪琴が2人。太い弦のほうがベース、細い高い音のほうがギター的役割。カバローという太鼓。マシンコという1本の弦のバイオリン的なもの。ワシントューという縦笛。時に日本の演歌のようなゆっくりした曲を。時にレゲエ的に。アップテンポの曲もかっちょいい。

演奏にのせて伝統舞踊も。カラフルで綺麗な衣装。

かなり大きめの女性ボーカルのおばちゃんが客席に降りてきて絡み始める。地元人、西洋人と5テーブルくらい回ったあと。ずっと目をつけていたのだろう、オレの手を引いてステージに引っ張り出す。

一緒に激しいダンス。

恥ずかしい気持ちは一切ない。夢中でママの体にうずまるのである。

拍手喝采をいただく。

21時半。ナイトクラブに繰り出す。

初日から元気だ。初日から全力フル稼働。それがナオト流。旅の流儀。

1軒目。エチオピアンPOPSを演奏&歌っている。鍵盤のおっちゃんとボーカルの兄やんと仲良くなる。ピアノでエチオピアンスケールを教えてもらう。

「いいか、例えば、このキーの曲だったら、ファ、ファ#、シ♭、シ、レのこの5音だけしか使わないんだ」とか、「今流れてるチクチカというジャンルは6/8拍子なんだ」など、目から鱗。

演奏しながらなのに、教え方がすごいやさしい。

2軒目。クラブ。

ご飯を食べたところと同じ構成の伝統音楽バンドなのに、音がクラブ仕様。ガンガンに演奏している。伝統音楽の幅が広い（ソマリアの音楽なんかも混ざっているそう）。

お客には若いいけてるお姉ちゃんなんかもいて、THE地元人のホットスポット的なお店。

音にノっていると、キラール演奏者が、「お前歌うか？」と。何も言ってないのに、音のノり方と目で歌手だと認識してくれたみたいだ。うれしい。

世界一周の旅のときは、自分からガツガツ、「歌わせろーっ」と飛び込んでたものだが、ちょっと今、そのガツガツ感ではない種類の気持ちであるのだが、顔に体に出ちゃってるんだろーね。歌わせろー!!　って。

一緒だな、あの頃と。ちょい表現方法が変わっただけか。

マイクを受け取り、彼らの演奏にあわせて即興SHOW。

日本の民謡のような「は〜〜」から入る。一気に会場の注目が集まる。

コード進行的にも雰囲気的にも喜納昌吉さんの「花」がピッタリなので、あわせて歌う。

途中からバンドにリズムをアッパーなものにあげてくれとジェスチャー。

ドラムのナイスフィルからのノリノリなビートにあわせて、RAP的スキャットで一気に曲の雰囲気を変える。最後また民謡的「は〜〜」に戻り、おしまい。
拍手喝采をいただく。チップを客席にせびりにいく。冗談にもかかわらず、チップをたくさんいただく。

初日からこんなにどっぷりエチオピアン音楽に触れられるなんて。
エチオピアの初日はできすぎなくらい、やはりサッカーと音楽まみれになった。

24時、ホテルに戻る。
ホテル・ロビー、ネットが無線LANでつながる。すごい時代。ただめちゃくちゃ遅い。
サクサク、行きたいページに飛べる環境に慣れすぎてるため、ストレス。ただ、こんなこともすぐに慣れていくんだろう。
やっぱ何でも日本は恵まれてる、最高な環境なんだなぁ。

2時。シャワー。
完全にストレス。体が冷えていたので、ゆっくり浴びて温めたかったが、まさかの温かさコントロール不能。水か熱湯か。その間がないのだ。極端なのだ。
冷水と熱湯の間がないのだ。冷静と情熱の間がすっ飛ばされている。
温度を決めると思われるノブを回す。時計の角度で言うと26分だと冷水、27分だと激アツ。「あつっ!!」と「つめたっ!!」を何回叫んだことか。
それでもなんとか体を温めることをあきらめたくないのだ。
水から熱湯に変わる、わずか3秒の間のちょうどいい瞬間。熱湯から水に戻す、わずか3秒の間のちょうどいい瞬間。一瞬で駆け抜けるその間をいったりきたり。
その往復を数にして30回。時間にして20分。まさに冷静と情熱の間を探した20分。
冷えてた体はようやく温まったが、なんか煮え切らない。

サッカーなどで汚くなった服を洗面所でごしごし洗濯。眠いが、こういうのはちょこちょこその日にやっておいたほうがいい。

深夜に腹がすきすぎる。きつい。日本ならコンビニにパッと駆け込めるが、そういったお店はまったくない。
そうだ！　機内で食べようと思って持ってきていたきびだんごがあるじゃないか。
初日夜、小学生の頃によく食べていた、駄菓子屋に売っているこの桃太郎的きびだんごに救われる。
ネットにせよ、シャワーにせよ、食べ物にせよ、一つ一つ、すぐには欲が満たされない感覚がいい。
旅にやってきたんだな……と。

4時。なんだかんだ寒いかと思ってたが、爆睡。のび太君状態。
枕に頭をつけた時点で、記憶なし。

★旅の流儀
・初日からフル稼働で!!　初日のテンションでしか起きないことがある！
・サッカーに入れてくれなかったら、入れてくれる人に会うまで、声をかけ続けるべし。よさげな連中に会ったら、しきってるリーダーを探すのだ。今回はアディムというリーダーとまず仲良くなり、そこから広がっていった。
・ラジオを持ってくるべし。

9月18日（火）
アディスアベバ　旅2日目

なんだかんだ結局4時に寝たが、9時半にもう目が覚める。旅の最初はいつも興奮状態でありがち。でも夢も見ず、がっつり深めに寝られた。

13時。ホテル出発。

イタリアン食堂でブランチしてから、ピアッサ地区を練り歩く。さまざまなお店が並ぶ。

映画館。ちょいと覗《のぞ》かしてもらう。気のいい従業員のおっちゃんが、ついて来いと手を握り中に引っ張っていってくれる。入るとまあなんと完全真っ暗。500人くらいの人の気配。

リアクションがめちゃくちゃ大きい。みんなで笑い、みんなでため息をつく。

おっちゃんが3分間ずっと手を握ってくれていた。生まれて初めて男性と手をつないで映画を見た。つまり、初体験である。

通りの脇に男たちが座りすぎ。何でそんなにいんの？　ってくらい。

平日昼間から働いてない。働き先がないという深刻な問題であるのかも。

コピーCDの露店の兄ちゃんに最新エチオピアンミュージックと伝統音楽の両方のお勧めを聞き、一緒に試聴させてもらいながらCDを10枚ゲット。1枚25ブル（125円　1ブル＝5円）。

そこで分かった驚愕《きようがく》の事実。これが一番新しいヒット曲を集めたコンピだと言うので、まじか！　去年、2011のとかじゃなく、ちゃんと2012のやつだろうなぁ!?　っと確認すると、そうだ、これは2005のだと言う。いやいや、2005は古いだろう！　おかしいおかしい！　っと言うと、また、ちゃんと2005のやつだと同じことを言う。きっと、何を勘違いしてんだって顔をしていたんだろう……兄ちゃんは気がついたように、笑いながら、あ、エチオピア暦のね！

何それ？

今年エチオピア暦では2005なのよ。西暦とは7年違うんだ。

え？　まじ？

普通に太陰暦を使っている。ミハエルカレンダー。1年は13ヶ月。

時間も数え方が違う。朝の6時が0時。

昨日、明日もサッカーしに来いって誘われたとき、明日朝2時なっ！って言ってた。何回も聞き返すも、2時と言う。

ピアッサ地区の栄えてる場所からメインストリートを下っていき、テッドロースサークルにさしかかったとき、右に入っていく道が気になる。入っていく。

一気に生活空間に変わっていく。

ボッコボコの砂利道を上がっていくと、子供たちに遭遇。サーカスに行くというのでついて行くと……サーカス団の練習に遭遇。

子供たちの練習日といった様子。30人くらいの子供たちが思い思いにバク転や前宙を繰り返している。中でもこの小さな目を見開いた瞬間は、小さな女の子が連続で4回5回とバク転をしたときだ。歳《とし》を聞くとなんと6歳。いわゆる幼稚園児だ。アフリカ人の身体能力の高さたるや。

連続バク転をしている幼稚園児。これもまた日本ではあまり見ない光景だ。

激しいスコールが襲っている間中、屋根のある練習場でストレッチをしながら雨宿り。子供たちが連れていってくれず、あのまま歩いてたら、間違いなくびしょ濡れになってただろう。

ほんとに一つ一つが奇跡的につながっていく。

旅では毎日その運命感を感じずにはいられない。

その帰り、またも出会った子供たちに招かれ……停電で真っ暗な部屋の中に入ってみると、めちゃくちゃ狭い！　畳二畳。

なんとそこに8人が生活しているというのだ。パパママ、娘3人、息子3人。赤ちゃんから14歳まで。ママは30歳というから長女はまさかの16歳のときの子供だ。

エチオピアにはコーヒーセレモニーという習慣がある。お香を焚《た》きながら、小さいコップでコーヒーをゆっくり味わうといったような。

コーヒー嫌いであるが、差し出していただいたコーヒーを飲まないわけにはいかない。恐る恐る飲んでみると！　ん!?　激甘！　しかも美味しい!!　これなら飲めるわぁ！

さすがコーヒー発祥の国といわれているエチオピアだ。

夜になると床のものを片付けて、二畳フルに使い、8人で雑魚寝《ざこね》するのだという。8年前からここで生活をしているらしく、家賃は1万5000円。年間。

このあたりは、昔は市場だったエリアで、政府が安く貸してるスラム地域だそうだ。

9月19日（水）
バハルダール　旅3日目

アディスアベバから飛行機でバハルダールへ。

バハルダールの空港から青ナイル滝へ、車で1時間半。大自然が広がっていて、たまに村を通り過ぎる。子供たちはこっちに気づくと満面の笑みで手を振ってくる。

道のデコボコ加減がハンパない。目薬をさそうとしてもほぼ空振り。

車を降り、ブルーナイルフォールズをめがけて山道を歩く。木々を背中で運ぶ女性、穀物を頭の上にのせて運ぶ女性。どれくらい重いのか1回頭にのさせてもらうと、いやいやいやいやいや全然重い!!!　こりゃ無理だろ。罰ゲームだとしてもそうとう重いレベル。
それをまた普通におばあちゃんが運んでたりする。ちょっと理解に苦しむ。
なぜかこういった力仕事は女性の仕事。そういえば建設中のビルの上にも、工事現場にも女性の姿が目立つ。アフリカではまだ女性の地位は低いという。男は偉そうにしてるが酒ばかり飲んで働かないらしい。

途中、笛吹少年アラージョに出会う。
いい音を出している。フルートのように横にして吹くこの笛を教えてもらったのだが、からっきし音が鳴らない。
スースー……スースー……難《むず》っ!!
アラージョに渡すと、ピーヒャラヒャラ～♪
綺麗な音を出す。
練習だな、こりゃ。ってことで、50ブルで購入。

山道を歩くこと40分。いよいよメインのブルーナイルフォールズ！
ものすごい迫力。その勢いに、吸い込まれそうになる。
度肝を抜かれる級。圧巻!!　もはや怖い。
この滝、地元の言葉では、ティシサット（煙をはく水）というらしいが、いつもはそんなに水しぶきもないそうだ。だが、雨期の終盤のこの時期は、大当たり！
20回近く来てる地元のエチオピアンも、こんな水量は見たことないとのこと。
ただ……こりゃ、自然には敵《かな》わんわぁ……。

マリアという12歳の少女と仲良くなった。
小学校6年生だというが随分と大人っぽいので、無意識に一人の女性として接していた。
将来はお医者さんになりたいと言っている。いろんな話をしていたが、別れ際になって話題はだんだんお金のことになっていく。勉強をしたいからお金が欲しいと。

そりゃー渡してあげたいが、一人に渡すと他の子もぶわーっと寄ってくる。なかなかキリがないもので……。

いつか何かしらの役には立ちたいと思っているのだが、難しいのは、結局、世界中全ての貧しい子供を救ってあげることはできないということ。

だとしたら、縁あって今出会った君の助けになりたいからお金をあげたいとも思う。でも一人に渡すと他の子もぶわーっと寄ってくる。

感情がじゅんぐりじゅんぐり。

複雑である。

ブルーナイルフォールズを離れ、車で1時間半。

バハルダールの街、タナ湖のほとりのタナホテルで1泊。

荷物を部屋に置くやいなや、ホテルに着く前に車からちらっと見えた砂利道でのストリートサッカーに交ざりに行く。

20人くらいいる若者たちのリーダー格のアンダーションと、10秒に1つ質問してくる質問攻めのカリブと同じチーム。

3対3、1点マッチ、2試合ともオレのゴールで勝利！

いつも気持ちは日本代表。見えない日の丸を背負ってんだ、こっちは。

ここで下手だったら日本のサッカーが馬鹿にされる。

シンジ・カガワはすごいんだ！　嘘じゃないんだぜ！　ってとこを、勝手に見せつけたいのだ！

9月20日（木）

アディスアベバ　旅4日目

今日は中日《なかび》のオフ的な日に。

8時半。バハルダール空港→アジス。
12時。ホテルチェックイン。

17時半から19時まで。マスカル広場でサッカー。
うまい連中と蹴れて楽しい。
しかし、また負けた。2－3。決定力をあげないと。

こっちに来てアフリカのことをもっと知りたくなった。
テストに出るから教科書を勉強するんじゃなくて、先に経験があって、そこから、知りたいという気持ちがわいて勉強するというのは、精神的健全であるかと。

9月21日（金）
アディスアベバ→アルバミンチ　旅5日目

7時。アディスからアルバミンチへ移動の日。
車移動中は、道路に牛や山羊のキャラバンがいるので、そのつど、速度を落とさなければだったり……。
車のラジオから流れてる曲、基本、演歌っぽい感じ。

14時半。ソドに到着。
また違う街並み。カラフル。
寒さ対策に毛布をゲット。
お昼ご飯。野菜スープ、ツナサラダ、チキン。
なんかちょい体がきつい。遠くのほうから風邪っぽいのがやってきてる感じ。風邪薬を先に飲んでおいたほうがいいかも……。
元気なときはいいが、病気や怪我になったときに、すぐに病院には駆け込めない。不安が募る。
　思い出した！　旅って楽しいだけじゃなかったわ……。

　18時。アバヤ湖でワニを見た!!　いわゆる野ワニってやつだ。
　わずか5秒間の登場からの退場だったが、存在感はすごかった。5メートルくらいはあっただろうか、大人のワニさんだ。

　19時半。ホテル着。20時。ご飯。21時半。就寝。
　移動きつい。体調がきついからだ……。
　風邪がいよいよやってきた。風邪薬を飲む。
　きつい。ただ、こんなところで倒れてる暇はない。しっかり寝て、治すのだ。
　便秘も気になる。深夜3時にお腹激痛で起きる。

59562

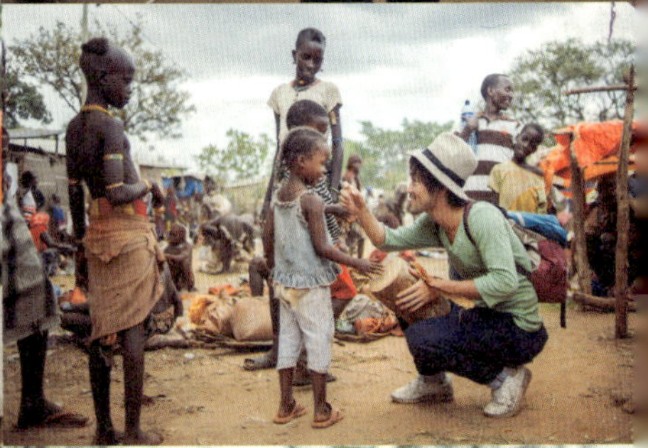

約束だ
また必ず会おう

別に誰にどう思われたっていいんじゃん
もっと大事なことは、ありのままでいること

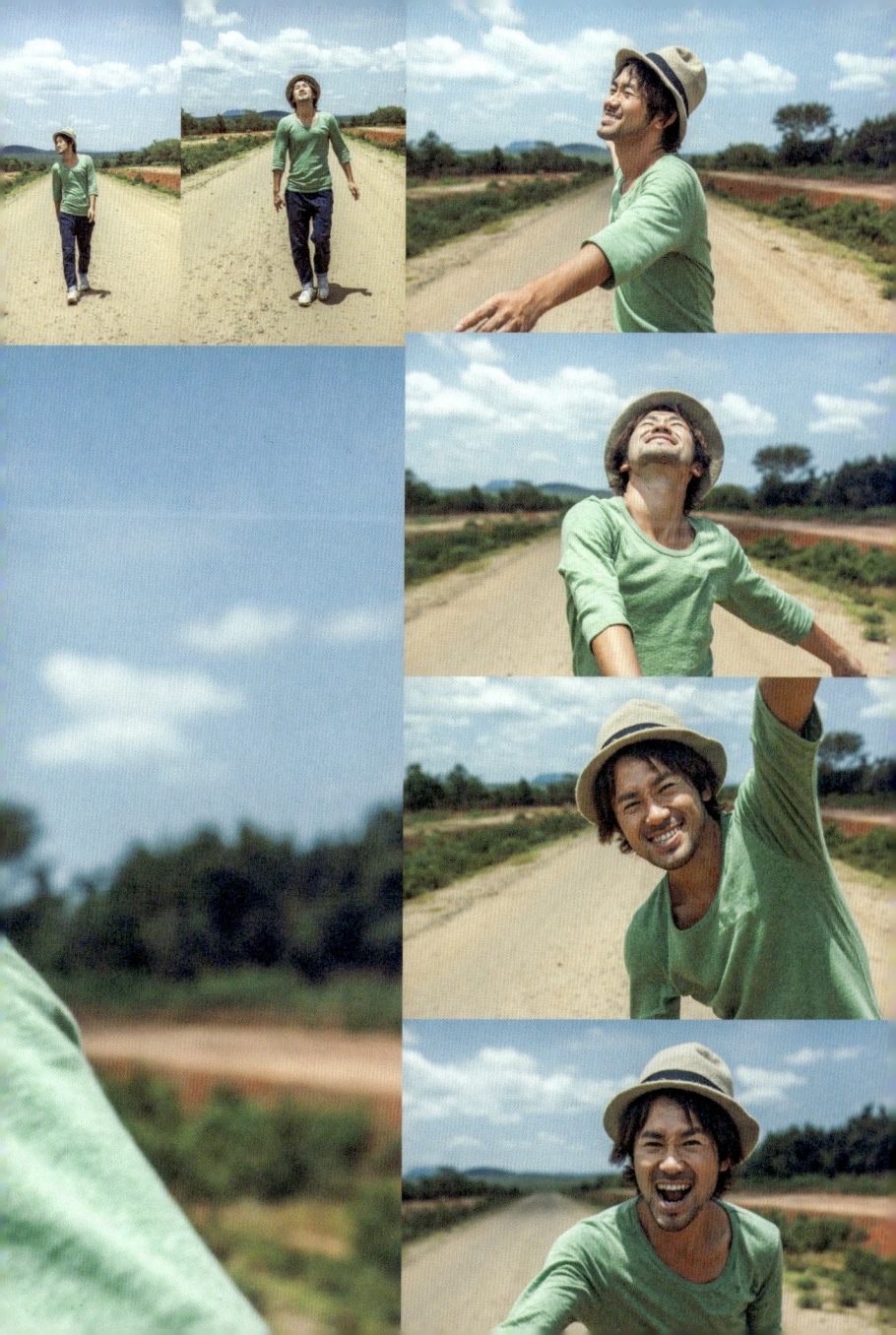

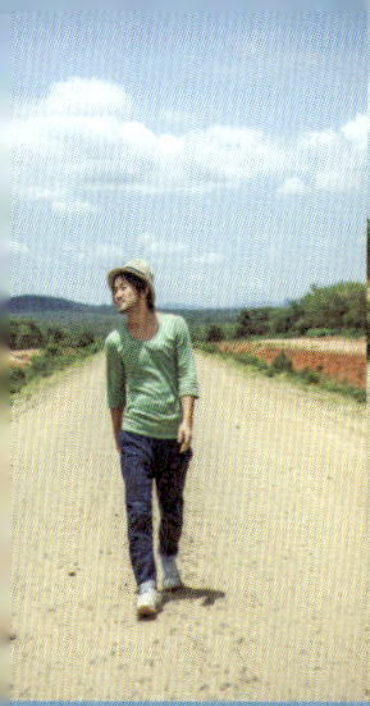
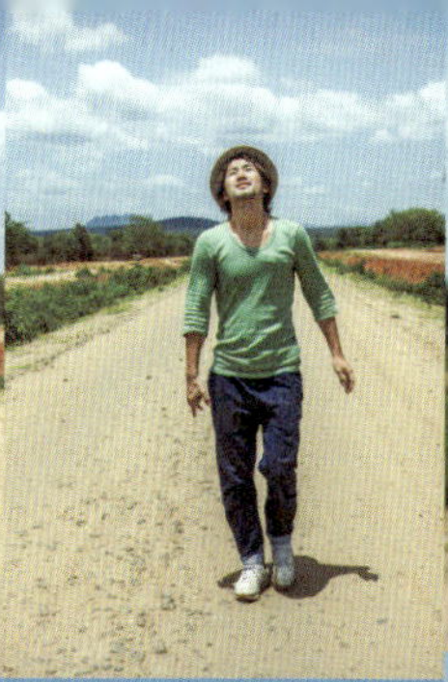
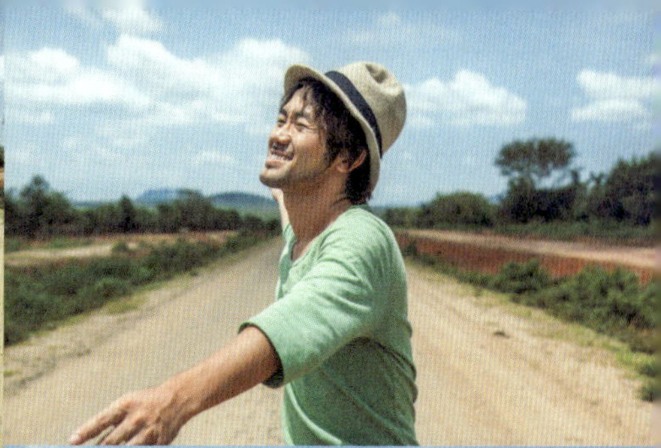

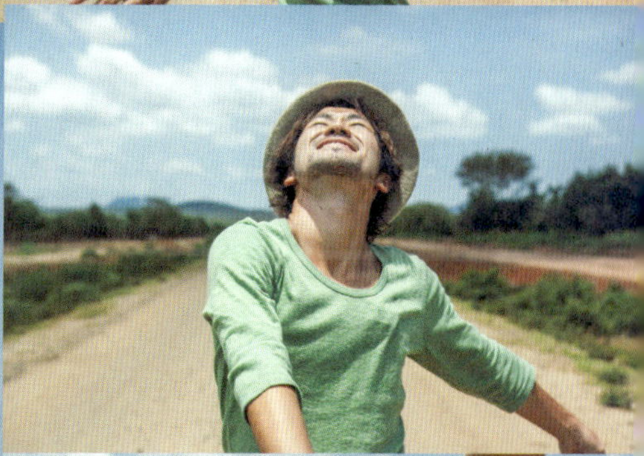
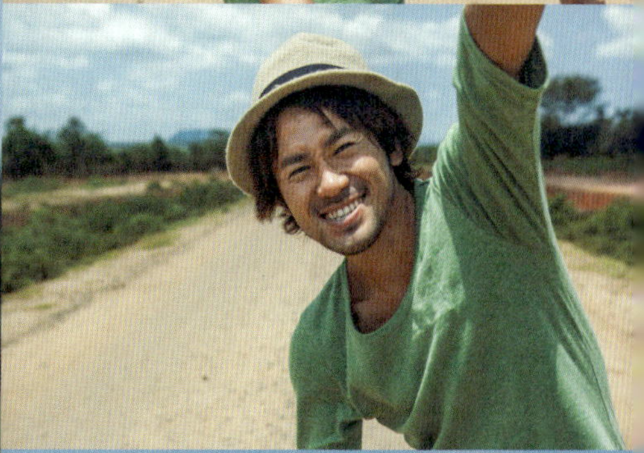
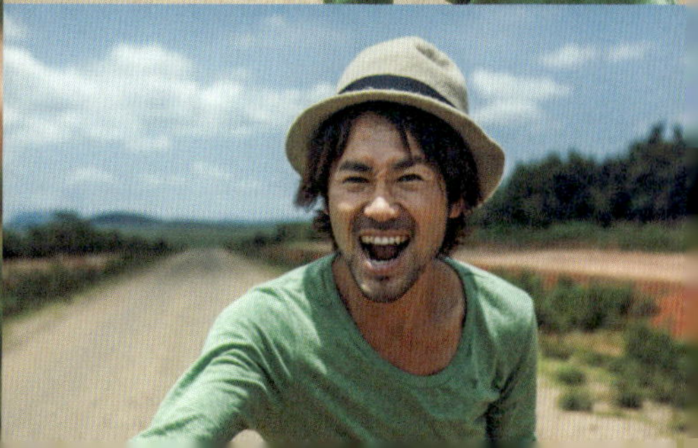

自由なことが必ずしも幸せでないように
不自由なことは必ずしも不幸せなことではない

背伸びしない

無理してたらいつか息切れしちまう

ቅዱስ ጊዮርጊስ ቢራ
ኮንሶ
እድገት ሆቴል
PREMIUM LAGER
BGI Ethiopia

また伝えきれなかったな……

9月22日(土)23(日)24(月)

アディスアベバ→アルバミンチ→ハマル　旅6～8日目

　今の自分の生活と違う文化の人たちに会って、触れて、一緒に生活させてもらいたい。

　そこで今の自分が何を感じるのかを知りたい。

　それが今回の旅でエチオピアを選んだ一番大きな理由だ。

　エチオピアに来て6日目。首都アジスアベバから車で9時間移動して南下。アルバミンチまで来たところで1泊。そして、翌朝いよいよアルバミンチから、ハマルの村のあるトゥルミに向かう。

　その途中、ハマルのような近隣の少数民族たちが集まるマーケットに立ち寄ってみると……。

　目が点。目から鱗。これぞアフリカ！

　少々目のやり場に困るくらいの半裸の民族衣装をまとった（まとってないか。笑）人たちでマーケットは溢れかえっていた。

　物々交換をしている人がいたり、髪にバターを塗って結ったりするいわゆるこっち流の床屋さんがあったり、野菜や果物や豆類を売っている人がいたり、何しろ賑やかで活気がすごい。

　活き活きしている！　人のエネルギーをビシビシ感じる。

　女性はカラフルな衣装で、みんなおしゃれさん。

　なんと色鮮やかな光景。夢の中の世界というか、超現実の世界にやってきたという感覚。21世紀とか、文明の進化とか、ITとか、そういった言葉が一切似合わない空間なのだ。

　マーケット内では主に楽器類を探し歩く。楽器を見つけると、笑顔と根気で交渉を続け、値引いてもらいつつ、次々にゲットしていく。

　最終的に、牛太鼓／400ブル、亀＆牛革ジャラジャラ／550ブル、ジャラジャラ小／80ブルを購入。

さらに、帰りがけ、泣いてる4歳くらいの女の子をあやしていたのだが、あまりにも服がボロボロなので、近くのお店で服を買ってあげプレゼント。

それが、弟の分も合わせ、800ブル……高い。

マーケットの中で一番高い買い物……ハマルのキャバ嬢に捕まった感じ。

でも喜んでくれてる子供たちの笑顔を見たらうれしくてね。高いがね。

17時。トュルミに到着。

お通じを促すが駄目。やっとこさ、ちょこっとは出たが、全然駄目。頑固すぎるだろう。オレの腹!!　時折ものすごい激痛に襲われる。

早く、晴れて健康に戻りたい。

時間が遅くなりすぎて、残念なことにハマル村入りを明日に見送る。

早く村を訪れたい気持ちが溢れているが……しょうがない。これにも何か意味があるんだろう……。

夕食を食べた後、星空を眺めてみる。

無限に広がる宇宙の中の地球。

ハマルの人とは、肌の色も、言葉も、文化も違い、自分とのギャップに驚かされる。でも。

宇宙を見て思う。

宇宙規模からしてみたら、ハマルも同じ星の同じ人間という近い生き物であるのだなぁ。

翌朝、起きて朝食後、遂に、う○ちが!!　一安心。

午前8時半。ようやく、ロジラ村と呼ばれるハマルの村を訪れる。

まずは、子供たちが集まってきて、その後に女性が集まってきた。しかし、その雰囲気は決して歓迎モードではなく、「何しに来た!?」という視線をビシビシ感じる厳しいものだった。

長老にあいさつすると、手を引いて村の中に導いてくれた。
長老にいろいろ話を聞く。この村には約50の家族があるという。
長老に年齢を聞いたのだが、自分の年齢が分からないという。ハマルはお母さんも子供の年齢を覚えてないのだ、と。ハマルにとって年齢とはそんなに重要なことではないようだ。

相変わらず受け入れられてない空気感が耐えられない。
しかし、よく考えてみると、村のみんなが半裸なのに対し、オレは普通の服。これは完全に浮いているし、「よそ者」でしかないのだ。まずは格好からなじめないものか？
みんなと同じような格好がしたいと男衆に相談してみる。すると、腰巻きをはじめ、首輪、腕輪、牛革サンダルを持ってきてくれたので、Tシャツを脱ぎ、一気にハマル戦士へと衣装替え。少々肌寒くはあるが、この空間になじんだ気がする。

男衆はそれぞれがいつでも手に持ち歩いているマイ椅子に座り、家の外で集まってボーッとしている。
ハマル出身の、英語のできる数少ない通訳のカレを通じて、男衆と落ち着いて話す。
5、6人いる男衆の中の一人、ワレと分かち合う。
ワレはいろいろ思ってることを伝えてくれた。
自分は読み書きができないが、そういった教育を今からでも習ってみたいということ。また、ここハマルの村で一人前の男になるためには、結婚を申し込む前に裸で牛の上を歩かないといけないという儀式がある。5、6匹の牛の上を一気に走りきらなくてはいけなくて、失敗したら1年間は挑戦できなくなり、結婚を先延ばしにされてしまうといった酷な伝統であるという。
そしてこの村は一夫多妻。しかし誰でも多妻なわけではなく、牛や山羊などの家畜を多く持っている経済的に豊かな人が、何人も嫁さんを持てる前提らしい。

ワレは日本に行ってみたいという。どれくらいの時間がかかるんだ？と聞いてきたので、何で行くかによるが、例えば、飛行機で２日、車で３ヶ月、歩いたら１年くらいかなーって言うと、ワレは目を見開いていた。

家の中に入れてもらう。

これは窓でしょ？　って間違えるくらい玄関の入り口が狭い。腰をかがめ小さくなって中に入ると、家の壁が風を通さないのと、火をおこして鍋でグツグツやっているので、家の中はわりと暖かい。

ハマル流のコーヒーをいただく。

味があまりせず、特別まずくはないが、食感は泥的。昨日、ハマルのマーケットで飲んだ地ビールも、完全に土の味というか、にごった茶色から想像したまんまの泥の味だった。

さらに、お昼ご飯までいただいてしまう。

しかし、団子的なものが１種類あるだけ。キビを挽《ひ》いて、水でこねて、鍋でふかす。ちまき団子？　みたいなもので大きなヒョウタンのお皿に入っている。

少量を手にとり、手でこねこねして食べる。味はまったくない。おいしくもまずくもない。ただ、腹持ちはよさそうだ。

彼らのご飯のサイクルは、１日１食か２食だそうだ。それすら決まってない。腹減ったら食べる。ハマルの行動はいたってシンプルだ。

キビだけなので、のどが渇く。そのことを伝えると、出してくれた水は湧き水だというが、その味はなんだかちょいしょっぱい。

しかし、キビのせいで、口の中がパッサパサなので、背に腹は代えられない。水もおいしそうにいただく。

毎日料理を作ることは女性としての大事な家庭内の仕事ではあるが、実はもう一つ、ハマルでは男性ではなく女性が行う仕事がある。

それは「家を造ること」。

実際この村でも、屋根によじ登ってワラを隅から隅まで敷き詰めている姿を見た。

お昼ご飯をいただいた後は、ワレの隣でちょっと横になり添い寝しながら、お昼寝タイム。20分くらい寝たときだろうか……。

LIVE中にステージでジャンプする夢を見て、ハッとして、飛び起きる。

周りの人もビックリし、笑っている。

日本でのLIVE最中の夢と、今いるハマル族の村での裸の自分とのギャップがありすぎて笑った。

お昼寝の後、ワレに連れられ、フェイス＆ボディペインティングをしに、歩いて5分の隣の集落へ。

石をこすり、水を混ぜ、色を出す。顔にワレが塗ってくれるんだが、一瞬ヒヤッと冷たい液体の感じ。自分では自分の顔のペイントが見えないが、オレをやってくれた後に自分もしていたワレを見る限りいい感じ。

少々雨が降ってきてるが、誰も何にも気にしていない模様。降ってきたことすら気づいてないくらいに。

も一つ気になっていないこと。それはハエ。

日本での生活において近くを飛んでいたら、たいていシッシと手で払うであろうハエ。

しかしハマルの人々はまったく気にしていない。最初はオレも神経質に払っていたが、慣れてきてからは、もはや10匹くらい群がってきても気にならない。

しかし、裸での生活に慣れていないため、雨に濡れ、体が冷えていくのが分かる。

うぅ……。寒い……。

ワレが、家畜を引き上げに近くの川に行かないか？　と誘ってくれる。

ハマルの男の仕事を一緒にしたら、お前もハマルだ、と。喜んでついていったけれど……。

10分くらい歩いたところで、まだ川に着かない？　あとどれくらい？　と質問してみると、7キロ先だという。

まさかの行き帰り約15キロ、しかも薄暗くなってきているこの時間から。

帰りは夜。しかも電灯なんてないわけで。ほんとの真っ暗である。星を見ながら帰り道を判断していくのだろうか。

できればついていきたかったが、体調も悪化している今、厳しい道のりになる……。

ワレにその残念で情けない思いを伝える。ワレは、しょうがないと言い、その場を立ち去っていく。

ワレは独り、荒野を歩いていき、しばらく見送るとその背中は視界の届かないところに消えていった……。

村に戻るとその後、すさまじい勢いで体調悪化。

下痢も来た。昼の生水、地コーヒーが原因だろうか。

何より発熱がやばい！　今晩、38.5度を超える高熱が出る予感。恥ずかしながら、ロッジに緊急帰宅。

せっかくここまで来て……。こんなとこで立ち止まってる場合じゃねぇのに。

ちきしょー……。体が、言うことをきかない。悪寒《おかん》がひどい。

ハマルの村への行きと帰りの道。ワクワクの行きと、情けなさの帰り。

わずか数時間なのに、同じ道でも景色はまるで違って見えた。

同じ距離でも、人によってその長さの感覚は違う。

たとえ同じ人でも、シチュエーションや体調によって全然違う。

行きはよいよい、帰りは怖い。

そう簡単にハマルになれると思うなよ。ハマルになった気になってんなよ、という洗礼だろう。

ハマルの戦士たちはたくましく強い。

ハマルに生まれた人の中で成人になれるのは、その半分と聞いた。もう半分は、生まれてすぐ、あるいは成人になるまでの免疫がつく前に亡くなってしまうのだ、と……。ここまで生き残ってきている人たちの強靭《きょうじん》な肉体と精神力にひれ伏す。

健康なとき、楽しいときはいいが、病気になったりきついときに、お医者もおらず病院も近くにないハマルの環境は、それは厳しく、いつでも悲しみと隣あわせの生活なんだろう……。

悪いことでも何でも意味があると信じたい。

これは試練だ。前向きにとらえようとするが、悔しさのほうが勝ってる。

旅を語る上で、楽しいことだけがピックアップされがちだが、きついこと苦しいこともたっくさんあって。不安を抱えながらも、危険を冒しながらも、新しい何かを探す旅を続けていくのだ。

今、苦しまなかったら、そんなことも忘れていたんだろう。

その夜、39度の高熱にうなされる。

こっちのウイルス性の病原菌が体に入り、高熱が何日も続いたらどうしよう……。ちゃんと帰国できるだろうか……。

そんな不安を抱え苦しみながらも、何度も何度も、汗をかき着替える、を繰り返す。

12時間の格闘の末、熱が下がったのが分かる。だいぶ楽になる。

これでほっと一安心。風邪をやっつけたのだ。

朝食を食べ、しばらくゆっくりする。

とりあえず体調はだいぶいい。悪い病気じゃなくほんとによかった。

恥ずかしながら、再びハマル族の村に向かう。みんなももう、気を許して受け入れてくれた。

日本から持ってきたサッカーボールで子供たちと遊ぶ。最初はボールを蹴っていたが、頭でボールを跳ね返す「ヘディング」を教えると、それが楽しいらしく、その後はずっとヘディングをしたがる。
なぜか、ハマルの村で「ナオトのヘディング講座」が繰り広げられた。
その後、大きな石をゴールに見立て、試合をしようとするのだが、何しろサッカーというものをしたことも見たこともないらしく、ゴールのところに、みんな一直線に並び、ボールを奪いに来ない。
石と石の間にボールを通したほうが勝ちと説明するのだが、感覚が分からないらしく、気がついたらまた「ヘディング大会」に!!
楽しい時間はあっという間で、気がついたら日は暮れていた。

夜ご飯をいただけるということで、連れていかれるがままに、お家《うち》に入れてもらう。
ダミという名前のママが中心のこのお宅。相変わらずキビをいただく。
話をしているとその関係性が明らかになっていく。
一緒に話をしている18歳くらいのワルカ(正確な年齢は親も分からない。笑)、13歳くらいのカンキは、ダミママが産んだ娘たちだという。ここまでは、まあ、そうなんだーとなるが、ここからはそうはいかなかった。
3、4歳くらいの目のくりっとしたかわいい赤ちゃん、オイトューもダミママの子だという。
お姉ちゃんたちとめっちゃ歳離れてるやーん!!
っからの、最大のビックリは、その後であった。昨日、ワレと一緒に話をしていたコダも家に入ってきて話していると、なんと!!　自分もダミママの子だというのだ!!
いやいやいやいや!!!
だってコダは、普通におっさんである。推定年齢ずばり45歳である。まじか!?
でもダミママが60歳くらいに見えるので、15歳のときの子と思えば不思議もない。逆にこの歳で3、4歳の赤ちゃんを育てている現役ダミママに感服である。
一夫多妻制であるハマルにおいては、こういった相関関係も珍しくないのかもしれない。

お家の中で夜ご飯を食べ終わった後は、オイトューに、ボイスパーカッションを教えたり、リズムで遊んだり。素直でめちゃかわいい。

その後、感謝の気持ちを込めて、歌を届けることにした。
「ありがとう」の気持ちを「ココロコトバ」という曲にのせて伝える。

♪気持ち込めて歌えば、
人も国も神様だって超えていくんだ
ありがとう　ありがとう
バルジョエメ！　バルジョエメ！♪

ワルカを中心に途中からみんなも一緒に歌ってくれる。
笑顔が家の中に充満した。
かけがえのない時間だ。
歌の後、ダミママが、「もう私の息子と思ってる。家族だと思ってる。だからいつかまた早く帰ってきなさい」って言ってくれた。

そしてお別れのときが来る。出会えば別れる。
そんなこと分かりきってるのに、いつでも別れの瞬間は胸が締め付けられる思いだ。
いろいろ彼らがしてくれたこと。
さみしいね。
ちょっとしかいなかったのにね。
これだけつながるとやはりさみしいよ。

なんでハマルの人々は、よそ者を心から受け入れることができるんだろうか。

オレみたいな異色な奴が来たら文化や伝統や概念が壊されていくのは、なんとなくうすうすでも分かっているだろうに。見返りも求めず。

昔ながらの生活をしてる彼らが、近代の世界から来た奴と、心からコミュニケーションを取ってくれたこと。

信じられないくらい感激した。

果たして自分はそんなに人を純粋に受け入れられるんだろうか。

またここに帰ってきたいって思える場所ができたことがうれしい。

彼らと約束したから。帰ってくるって。

帰ってこなきゃ。必ず戻ってくるから。

別れはさびしいけれど、また会えるよね。

そのときまでもちろんみんなのこと忘れないし、オレのことも忘れないでいて。

どうかまた会えるそのときまで覚えていて。

そして、彼らのために何ができるんだろう？

変わってほしくないから何もしたくないんだが、でも、やっぱり何かしてあげたい。もうなんか人事ではないのだ。

気がついたらハマルの心が宿っていた。

9月25日（火）
ハマル→ソド　旅9日目

10時間かけて移動の日。8時半。出発。

14時。アルバミンチで昼飯。

魚トマトスープうまし！　カップヌードルにこのスープ入れ、トマト味に。ピラティアという白身魚の丸焼きうまし。

街を一人でブラブラ。

10メートルおきに話しかけてきてくれる感じ。好き。アフリカ、人懐っこい。

若者に手招きされる。砂糖葉っぱを食べろとご馳走になる。

赤ちゃんラーファを抱っこして通りを歩く。

わずか15分だったが、アルバミンチの人たちの人の好《よ》さを感じられた。

17時半〜19時。ソドの街一人歩き。

卓球見つける。

人懐っこいエリアスという少年が、やるか？　と。まずは、20歳前後の青年と。

何がいいって、周りの見学の子供たちがボールを拾ってくれるのだ。ポイントが決まり台から落ちたらすぐボールを投げ入れてくれる。いわゆるサッカーのプロの試合で見られるマルチボールシステムというやつだ。

さぁ、その初戦、その青年もなかなかやる。しかしそこは、小学校では卓球クラブに在籍し、家ではテーブルにそろばんを2つ立てて並べ、ネットに見立て、親父とよく土曜の夜にピンポンに興じていたわたくし、21－15で勝利。

次はそのエリアスがやるという。これがまたうまい！　やるやんけ。

若さゆえの攻めの戦い。

21 − 18でまたしても勝利！
それを途中から見ていた、白シャツ兄ちゃんが挑んできた。
2連勝でまぁまぁいい気分に酔いしれていた東洋人がひとひねり。

9月26日（水）
ソド→アディスアベバ　旅10日目

今日は1年に1回のキリスト教の儀式であるマスカル祭り。
16時15分。マスカル広場着。
サッカーをしたのと同じ場所とは思えないほど、荘厳な雰囲気。
あちらこちらから教会別の歌のパレードがマスカル広場にやってきている。
19時。十字架に見立てたクリスマスツリーのような大きな木に火がつけられる。
燃え始める。観衆の歓声すごい！
19時半。完全燃焼。
19時45分。群集が警備員を振り切り、中央に集まってくる。
燃えたその灰でおでこに十字架を描くとご利益があるという。みんなすごい勢いで、灰をとりに。

9月27日（木）28日（金）
アディスアベバ→ドバイ→成田

帰りの飛行機にて。
アディスからドバイまでの4時間。ドバイ空港での5時間のトランジット待ち。さらに、ドバイから成田までの９時間。

あと１時間半くらいで着陸なのだが、なぜかここまでまったく寝ないでいる。眠くないかといわれたら……ものすごく眠い。寝ようと思えば、10秒で寝られるだろう。

別に意識をしているわけではないが、なぜ寝ないかというと、旅の余韻に浸っていたいんだと思う。

帰国したら、明日から、いつも通りの生活に戻ってしまう。レコーディングやTV収録やLIVEで日々バタバタ。

そうなってしまうと、これだけ濃かったエチオピアの旅も、すぐに記憶からかなりのスピードで薄れていってしまうのを、今までの旅の経験で知っている。

なので今、この旅のまとめをしておきたかったのだ。

日記、写真、レコーダーで録音したもろもろ、ボイスレコーダーで録《と》った曲ネタ。

10時間くらいかかり、ようやくまとまったところで、今、最後の日記を書いている。

２年半前にデビューして少しずつやりたいことが形になり、自分の見えないところでもたくさんの人が聴いてくれるようになった。

そんな中での、ほんと久しぶりのバックパックの旅だったので、旅立ちの前までは、珍しく不安なんかも抱えてたものだ。そして、あれから８年経った自分の旅のスタイルはどう変わり、感じ方はどう変わるのか。そんなことにワクワクしていた。

あっという間だったが、２週間の旅を終えてみて、その答えは一つ出た。

感覚はまったく変わらないわ。

蘇《よみがえ》ったね。旅の感覚。

歩く。直感にまかせて歩く。

人と触れ合う。知る。

そういったことの連続。

あの旅の続きをしているような感じかな。あのとき、行けてなかったところを。

基本的にスタイルは変わらないが、変わったところも何個か感じる。

当時は、自分のことを知ってほしくて、もっとガツガツ自分アピールにいそしんでたかな。今回は、それよりも相手のことを知りたいってスタンスになったように思う。

もちろん、旅がおとなしくなったかといえばそうじゃなくて、同じようにアグレッシブではあるんだが、その中で、相手の人や、その土地の文化や歴史、なぜ、そうなのか？　をより知りたくて。それが自分の成長にもつながっていくだろうし、心を豊かにしていきたいんだと思うんだけど。

子供に対する愛情はやっぱより深くなったなぁ。みんな自分の子供みたいに勝手に思って、嫌がってる子供でもギュッとしたくなっちゃう。

エチオピアの人、人情味があって、やさしかったな〜。

ちょっとハニカミやさんなところは、どこか日本人的なものを感じて、すごく居心地もよかった。

あとは人懐っこいね。親日ってこともあり、どこでも話しかけてきてくれる。ぷらっと街を10分歩くだけで、何か起こる。

もちろん、たちの悪い奴は中にはいるんだけど、基本的にはエチオピア正教とイスラム教の宗教観に包まれているので、人々が穏やかに感じた。夜になると街灯も少ないし、暗いから危なそうなんだけど、ちゃんと気をつけていたら大丈夫だ。

初日のマスカル広場でのサッカー&ナイトスポットでの飛び入りLIVEから始まり、青ナイル滝、ティヤ遺跡。そして、ハマルの人々との出会い。高熱にうなされ、再びハマルの人々との触れ合い。アディスに戻り、マスカル祭り。

風邪を引いてダウンしたのは大きかった。

自分がつらい立場をリアルに経験したからこそ、ハマルの人々へ感じる畏敬の念がより大きくなった。昔ながらの生活をしていてスゴイ！　だけでない、その奥を。

強靭な体力と精神力を兼ね備えてなければ、あの暮らしは続けられない。

そして、余計なものがない分、ほんとに大事なものだけで暮らしてるように思う。

きっと今の自分の暮らしには、生きていくのにどうしても必要なものだけではなく、無駄なものや時間もたくさんあるのだろう。

もし、生活の中で、考え込むようなことがあったら、ハマルのみんなの顔を思い出そう。

シンプルに。

そして愛をもって。

さあ、帰ったらやりたいことだらけだ。

「そのとき」はもう来ない。「そのとき」は「そのとき」にしか来ないのだ。

キャッチ・ザ・モーメント!!

その瞬間を逃すな!!

P.S.

もう一つ、変わったことといえば。

ハマルやエチオピアの彼らのために何かできないかと考え始めていることだ。

してあげたいというおこがましいものではなく、一緒に何かできることを探したいのだ。

もちろん実現までには、知識、アイディア、お金、年月が必要ではあるのだが。

8年前のあの頃は、まだ自分の夢のためだけに生きていたように思う。

でも、自分の「欲」のためだけに生きるのはもう違う気がすると、33歳になった今、感じている。

「人と生きること」に生きがいを感じるようになってきているのだと思う。

一つずつ、そう一歩ずつ。

一緒に歩いていこうか。

んでもって、もうすぐ成田な雰囲気。

結局、一睡もしていないやんけーーー!!

ハマルが教えてくれたこと。

心の革命について

ハマル族との生活で感じたこと。

ぼーっとすることは大事なこと。

家のことや家畜のことなどすることはあるんだが、それ以外の時間、彼らは基本、ぼーっとしていた。

最初、みんな座って何を待っているんだろうって思ってたのね。

何かしていないと落ち着かなくて、一人ソワソワしていたんだが、そのうち、一緒になってぼーっとすることですごく開放的になっていった。

今、我々、いわゆる若者世代は、ケータイに忙しい。

常にスマホを触っていないと落ち着かない。

電車待ち、電車に乗っている間、仕事や学校の合間、さらには、信号待ち、エレベーター待ちの30秒、じっとしていることができず、ついケータイをいじってしまう。

朝起きて、誰からもメールも着信もないとさびしい。

フェイスブックでいいね！　が少ないとさびしい。

本来、なかったらなかったで大丈夫なんだが、そういった気持ちになってしまうことは、半ばケータイ依存であり、もはや中毒に近い状態なんだと思う。

自分もそうだ。

エチオピアに向かうため、成田をってからの機内で、あぁ、今頃誰からかメールが来ているんじゃないか、経由地のドバイではネットはつながるだろうか、を無意識に考えていた。

例えば、信号待ちでケータイをいじらなかったら、どうしているだろう。

ぼーっとする時間。

本来、この時間は心が豊かであるために大切な時間だったのではないか。

「あー今年の夏、あそこ行ったりして、楽しかったな」と過去を振り返ったり、「そーいえば、あれやらなきゃ」と現在のことを考えたり、「いつかあんなことしたい」と未来の夢を思い浮かべ、ワクワクしてにやけたり。

そんな、過去、現在、未来を思い、自分と会話する貴重な時間。

あるいは、「あいつ、どうしてっかなぁ……？」っと、誰かを想う、大切な時間。

そういった心のスペースを知らず知らず、

ケータイが埋めてしまっているのではないだろうか。

ケータイをいじってるその間に、目の前で起きていることに気がつかないことがある。

流れ星がシューっと……。

UFO が通り過ぎる。

鳥たちがじゃれあってる。

カップルがじゃれあってる。

UFO がじゃれあってる（あんまないか。笑）。

かわいい子が、かっこいい人が通り過ぎた。

夕日が沈むあの瞬間。

街がだんだんと紅葉していくさま。

キャッチ・ザ・モーメント!!

その瞬間を逃すな！

ケータイを見ている間に周りでは何か起きている。
仲間、家族と一緒にいるときでもいじっている人がいる。
今、どうしても返さなきゃいけないメールを返したり、連絡するだけならまだしも、
おそらく、今、この場、この瞬間で、チェックしなきゃいけない誰かのフェイスブックなどは、そんなにないだろう。
もしかすると、そこでの仲間や家族との会話の中に、自分にとって大事なキーワードがあったかもしれない。
あるいは、誰かがあなたに何かを伝えようとしているそのとき、
もし、あなたがケータイをいじってたとして、あ、取り込んでいるから、と
気を遣って伝えるのをやめてるかもしれない。
これもまた大事なコミュニケーションのためのすき間を埋めてしまっているのだ。

キャッチ・ザ・モーメント!!
その瞬間を逃すな！

例えば、花火大会。目の前に花火があがっているのに写メを撮るのに必死。
きっとその集中力や、その感動は半減してるんだろう。
例えば、ディズニーのパレード。キャラクターを撮ったその写真やビデオ動画を、
後で家に帰って見返すことが何回あるだろうか。
だとしたら、その瞬間をめいっぱい楽しむことのほうが大事なんじゃないかなぁ。

エチオピアに行く前までの自分は、歩きながらケータイをいじることもあった。
んで、たいてい途中で気持ち悪くなってしまうんだが。
ほんとに、ケータイ、今？　見なきゃいけない？　ってことだよね。
歩きながら揺れる画面のちっちゃな文字を読むのなんて、体にいいはずがない。
目にも脳にも精神にも、何かしらの負担は確実にあるよね。
だから、最近は必要なら、立ち止まってケータイを見るようにしている。

ケータイだけでなく、PCでのネットサーフィンなんかもそうだ。
意志のない中で、気がついたら、平気で 1、2 時間経っていることがある。
意志のあるうえでの検索や、情報キャッチは大事だとしても、
PC 立ち上げ時の「とりあえずサーフィン」。
あ、もうこんな時間。
時間がもったいなかったかなぁ、無駄なのかもなぁ、っと、ここ数年思っていたし、
うすうす気がついてはいたんだが、やめたくてもやめられない依存に
自分も完全に陥っていた。

雑な表現や計算で申し訳ないが、ケータイをいじっている時間や PC でネットサーフィンする時間が 1 日に 2 時間くらいあったとして……。

それらをやめたら、例えば、1 週間に映画を 5 本は見れる。本を 2 冊読める。
忙しくて最近映画を見れてないと自分に言い訳したりしていたが、何に忙しいのかってことが重要だったりして。
ほんとに忙しいのか。さらに自分で心まで忙しくしてしまっていないか。
もっと大胆に話を進めると。
24 時間中の 2 時間分って考えると……約分すると、1/12。
12 分の 1……。
ん？　ちょっと待て。まじか !?　12 ヶ月のうち 1 ヶ月だと !?
1 年のうち 1 ヶ月も無駄にしてんのか。オレ。

ざっくり……一生で 7 年。
生涯 7 年間も !!??
7 年あったら、何でもできちゃうんじゃ？
オリンピック目指したりできちゃうんじゃ？
あんなことこんなこと。
うわー！　こわっ。怖すぎるぞーーー !!

危ない危ない !!
オレ、エチオピアに行かなかったら、うすうすどっかで気がついてはいたはずなのに、やめられない弱い自分に負けたままだったかもしれない。
情報におぼれている時間は、その場からまったく進んでない。
意志を持ってキャッチする情報は、自分のやりたいことや夢にちょっとでもつながってるんだと思う。
友達とつながっているような、安心という名の「情報」を自分の周りに敷き詰めすぎていると、それがないときの孤独感は倍増していく。そしてその孤独を感じないために、もっとモバイル上で、つながろうと情報キャッチの波におぼれる……。
そういった依存のマイナススパイラルはもう始まってしまっているんじゃないかと思う。

もちろん、ケータイやPCは便利であり、現代のコミュニケーションツールとしても大事だ。今の生活、活動においてはなくてはならないものなんだと思う。
だからこそ、ちゃんと向き合おうって思ってる。
情報に支配されるのではなく、自分から意志を持ってコントロールしてやろうって。

あれ以来、ケータイやPCは、暇つぶしには開かず、必要性のあるときに意志をもって開くようにしている。
それ、本当に今じゃなきゃ駄目？　今、必要か？　と、自分に問いながら。

心のすき間……スペースをあけておくと気持ちがいいもんだ。
感性がだんだん研ぎ澄まされていってさぁ。
エチオピアで心の革命が起きて、いろいろやめて、意識し始めると、すぐ成果が表れた。
帰国後最初のLIVE、沖縄でのシグマフェスで音の聴こえ方が劇的に変わったのだ。
音が体の毛穴から染み渡ってくる感覚。
感性のすき間があるから、音を聴覚だけでなく、全身で感じられるのだ。

今日も空をぼーっと眺めてた。
筋雲が綺麗だった。
ハマル族のみんなは元気かな。
そんなことを思った。

ハマル族が教えてくれたこと。
「ぼぉーっとすること」はいいもんだ。
心の風通りがいいんだよなぁ。

コロンビア

生涯旅人であり続ける

CIGARRERIA RITZ

UNIDAD

いきなりチャンスは来ない。

いつでも、準備してたらチャンスは来る。

何が起こるか
Nobody knows.
GAIRA

何も起こらないとき、
その場で立ち止まっているんじゃなくて、
一歩でも　半歩でも進んでおくことで
いつか急に 100 歩進める日が来たりする。

11月14日（水）
コロンビア初日

日本から30時間。コロンビアのボゴタにやってきた。

世界一周の旅の途中、エクアドルからコロンビアにたどり着いたのが、2004年5月の終わり。そこから7月の頭まで、2ヶ月、旅というよりも、この国で生活、あるいは音楽活動をしていたという方がしっくりくる。

空港からホテルに向かう途中、ボゴタ庶民愛用の地元レストランで、コロンビア料理を食べる。牛肉が入ったコンソメスープに、スクランブルエッグに、ホットミルク。アロマティカという、フルーツをたくさん入れたハーブティがお気に入り。

ホテル到着。ウィークリーマンションのような形式のHOTEL TIVOLIにチェックイン。綺麗で悪くない。難点は、昼間に部屋が暗くならないブラインド……。

飛行機移動であんまり寝られなかったため、お昼寝。っといってもがっつり6時間半。完全、時差ぼけモード。

そして、アンドレス・セペーダとの再会を果たすべく、テレビ局へ。アメリカを中心に世界で流行《はや》っているオーディション番組「THE VOICE」のコロンビア版、「La voz de Colombia」の審査員をアンドレスがしているというのだ。他にもグラミーを受賞したこともある国民的アーティストのカルロス・ビベスや、コロンビアのさだまさし的存在の大御所、ベテラン歌手リカルド・モンタネール、シャキーラに次ぐ勢いのある女性シンガー、ファニー・ルーといったトップアーティスト4人が、審査員をしている。しかも毎晩、生放送。日本じゃ考えられないすごいことだ。

終了後、楽屋にてアンドレスと8年半振りの再会。バタバタしてたので、ちょっとだけだったが、かなり早口で、相変わらず心優しいあったかい人。明後日、ご飯を食べる約束をとりつける。

アンドレスのマネージャー、ルイスさんが、カルロス・ビベスを紹介してくれる。大御所にもかかわらず、あったかい対応。

歌手なのか？　いつコロンビアでLIVEするんだ？　決まってないのか？　それなら、自分のライブレストランでLIVEをしたらどうか、とお誘いをいただく。

もちろん歌える機会が欲しいと思ってはいたが、1週間という短期間だといろいろ起こるには短すぎて、きっと厳しいと予想していた。

あの旅は2ヶ月滞在し、活発に動いていたからこそ、デビュー沙汰にまでなるという濃い音楽生活を送れていたのだ。今回は前回お世話になった人たちとの再会こそが目的と、心のどこかで決めつけようとしていた。

そんな心持ちの中での、カルロス・ビベスからのうれしい大きなお誘い。ほんとにやれるとは、まだ信じていないが、もし実現したら、すごいことで、うれしいことだ!!　心の奥で、ふつふつと熱いものが込み上げてきた。

それにしても、コロンビア人って、やっぱり情があつい。ノリを、感覚を大事にしてる。売れてても、ほんと嫌なおごりがない。

勉強しなくちゃね。人との距離が近いんだよね。

ともあれ、初日、とりあえずアンドレスと会えて、次のアポが取れて、ほっと一安心。

14時間の時差というのは、一番体にこたえる……完全に逆転するのだ。こちらがお昼の12時だと、日本は14時間進んだ、もう深夜の2時なのでありまして、こんなに明るくても体は眠くなっていくのであります。

少しずつ慣れていくのだろうが、やはり三十数年、あの時間のサイクルを体が覚えているため、そんな急に14時間時計を後ろ倒ししますと言われても、はい、そうですかと、体が言うことをきくはずがないのだ。
　そして、ようやく1週間して慣れた頃に帰国し、またまた逆転する。こりゃ体にいいわけがない。

11月15日（木）
コロンビア2日目

　起きた!!　ボゴタミラクル!!
　8年半前を彷彿《ほうふつ》させる奇跡が起きたのだ!!
　情熱は伝わるのだ。
　できるか、できないか分からなくても、そのときに備えて、準備しておくことが大切だ。
　8年半前とは違い、リラックス、なんなら、日本とほぼ同じテンションで。
　聴かせるところは聴かせる。のせるとこはのせる!!
　お客さんの酔いも回る23時付近。それまではめっちゃザワザワしてたから、やりづらそうだな〜、って心配してたが、始まるとかなり集中して聴いてくれて、愛ある歓声と拍手をくれた。
　一人で2曲歌い、アンコールももらい、計3曲。
　その後、バンドの3rdステージに誘われ、パーカッションやコーラスをやり、しまいにはステージセンターで激しく踊ってた。
　バンドのミュージシャンたちとも仲良くなる!!　フロアに出ると、お客さんにもたくさん声をかけられる。
　奇跡の夜。
　そんな大成功の裏には……数時間前までは演奏できるのかできないのか、ハラハラドキドキがあった。

初日の日記に書いたように、大御所カルロス・ビベスが、自分のライブレストランでLIVEをしたらどうかと誘ってくれた。

うれしかったが、ラテンのノリでのお誘いであるため、まあ可能性は半々ぐらいかな、とも思っていた。

カルロス・ビベスが木曜日にLIVEをしたらどうかと言ってくれたことだけを信じて、半信半疑だが、期待を抱いて、カルロスがオーナーをつとめるライブレストラン「ガイラ」に来た。

だが、案の定、お店の人には誰にも伝わっておらず。エントランスで門前払い。

カルロスに誘われたと伝えても信じてもらえるはずがなく……。

う……やばい流れ。でも信じて待ってみるしかない。

仕方なく、普通のお客さんとして、入場チャージを払い、中に入る。今ボゴタで一番人気のある旬な店ということで、中はパンパン。席はもちろん全部埋まっていて、立ち見、立ち飲みで溢れている。

くそー、こんなはずじゃないのに……ほんとに今日歌えるのだろうか……。

そう思いながらペコペコのお腹を満たすため肉系を食べようとするも、毎日油ギッシュなものを食べているのと、LIVEができるのかできないのかのヤキモキで食進まず。

そんなとき、ウェイターではないが、お店の人と分かるおばちゃまが、話しかけてくる。

「カルロス・ビベスに誘われた日本人の歌手の方？」

「は、はい!!」

「たった今、カルロスから電話が来て、カルロスは来れないみたいなんだけど、話は聞きました。どうぞ、こちらに!!　っていうか、どうやって入ったの？　普通にお金を払って入ってきてくれてたの？　ちゃんとチャージのお金戻すからね。好きなものを食べて、好きなものを飲んでいいわ。ステージ裏にVIP部屋があるから、どうぞこちらへ」

胸が突然高鳴りまくる!!　カルロス、ありがとーーー!!

さすが、The トップダウン。あんなに肩身の狭い思いをしてたのに、いきなり、超 VIP 扱い。うわーすげー!!　遂に LIVE がほんとにできるのだー!!　いわゆる起死回生ってやつだ!!

打ち合わせと準備が始まる。お店を仕切っているマネージャー的な人がミュージシャンのリーダーを紹介してくれる。2 部の頭にやらせてもらえることになる。

自分のギターを持ってきているので、それをつないでほしいとか、登場の仕方やら、ステージ裏はバタバタ。

でもそのバタバタは興奮に変わる。コロンビアに来て 3 日目、遂に歌う機会がもらえたのだから!!

23 時、いよいよだ。

司会のお兄ちゃんが、紹介してくれ、幕があく。

1、2 階合わせて 400 人くらいのお客さんは、ほぼキョトン……そりゃそうだ。

バンドに合わせて、ラテン音楽で踊れると思ってるのに。しかも酔いも回ってきていて一番盛り上がる 2 部であるのに。

誰？　この日本人は？　みたいな。

むむ……これは……。

この空気は、みんなが知っている曲で引き込まないとだ！　と、急遽、「ベサメ・ムーチョ」を歌いだす。世界一周の旅の中、南米で覚えた曲で、ラテン人ならば 100 パーセント知っている、言わずと知れた大名曲だ。

おお、日本人がスペイン語で歌えるのか!?　と、お客さんの興味と集中が高まるのを感じる。最後はちょいと大げさに高らかに歌い上げると、大きな歓声と拍手をいただく。

やった!!　これでつかみは OK！

大事な MC タイム。歌もそうだが、おしゃべりは LIVE にとってかなり大事。自己紹介、今日歌わせてもらってる経緯なんかを面白おかしくスペイン語でつたなくも伝えると、温かい眼差《まなざ》しを送ってくれている。

だいぶ温まったところで、「アノスバ（あの素晴らしい愛をもう一度）」。
この曲をやるときのアレンジは、ガットギターのアルペジオのクールさや、途中からのカッティングでのファンキーさがあるので、外国人も無条件にのりやすいという経験から選曲した。
案の定、知らない曲であるのにもかかわらず、体をノリノリに手拍子をくれる。2番が終わったあとで即興スキャット。言葉ではない分、コロンビア人のお客さんもより楽しめるセクションだ。
「スピリパリライ……ビビデバビデビビビデバビデボーーーウ!!」
早口が決まると、早めの反応で歓声をくれる!!　このあたりは逆に外国のほうがリアクションはいい!!
スキャットの後はコール＆レスポンスの掛け合いを始める。
「ラララ〜♪　カモーン!!」
「ラララ〜♪」
かなりノリノリで応えてくれる。ラララは世界共通だ。
イエス！　こうなるともうペースはつかんだも同然!!
最後にサビを歌い、ガットギターのフレーズで終わる。
拍手喝采!!!
やった!!　やったぞ!!
その後、幕が閉じるもまさかのアンコール。これはほんとにうれしかった。
いわゆる大規模のコンサートである、お決まりのアンコールではなく、飛び入りでやったLIVEであり、ましてや、お目当てのバンドの演奏でなく、いきなり始まった日本人のショーであるにもかかわらず、このアンコールの拍手は、彼らの評価に他ならないのだ。
幕の裏で舞台監督が、「アンコールが来ている！　どうする？　お前、もう1曲やるか??」と。
そして、本来、3曲やろうと思っていたが、お客さんの集中力がもたないだろうと、1曲削っていたので、実は用意してある曲はあった。そのアンコールをありがたく受け取って、もう一度登場。

「Estoy muy contento. Entonces, la siguiente cancion es mi original. Se llama "La cancion de un hombre enamorado"」とスペイン語で言う。

「めちゃくちゃうれしい!!!　そしたら次の曲は、自分のオリジナル曲です。タイトルは、"La cancion de un hombre enamorado"」

これもまた世界一周の旅のときに、自分の曲を南米で訳しておいた曲。当時は歌い慣れてはいたが、久しぶりにフルで歌う。お客さんたちは、バラードにもかかわらず、集中を切らせず、むしろものすごい集中力で、じーっと聴いてくれている。

じっくりゆっくり、一言一言、伝われー、という気持ちでスペイン語で歌いきった。

じわーっと波のように、拍手がガイラ中に広がっていった。その拍手はほんとに温かく、みんなの心からのものだと感じることができた。

「Muchas gracias a todos.」（みんな、ありがとう!!）

やりきった、感極まった思いでステージを去る。

ステージ裏に戻ると演奏待ちをしていたミュージシャンたちが、興奮した感じの大喜びで近寄ってきてくれる。

「おい!!　ナオト!!　すげーじゃんすげーじゃん!!!」

「やったなー!!!　おめでとーーー！」

こっちのミュージシャンたちもまた感じたことをこうしてダイレクトに伝えてくれる!!

あのときは2ヶ月いたからこそ起きていった奇跡だったのに、今回は、わずか3日目で!!!　8年前と同じようなその光景に、完全に興奮していた。

11月16日（金）
コロンビア3日目

ようやくアンドレスとアポ。3日振りに会えることになりそうだ。

明日のイベントのリハをしているシモンボリーバル公園に向かう。

バンドのサウンドチェックを見学していると、サックスが話しかけてくる。

名前は？　うわー、やっぱ、ナオト!!!　覚えてるか？　フリオ・ナババンドで一緒にやったプルートだ。

記憶が蘇る。当時お互い、24と21。若っ!!

ギターのアンドレス・クルス、パーカッショニストのパンチョ、ローディの彼も。次々に話しかけてくれて。当時、サンティ周りで一緒にエルシティオでやってたり、フリオ、アンドレス周りで一緒だった仲間だ。みんな活躍しているのがほんとにうれしいし、すごいこと。

リハ終了後、アンドレスと公園の芝生で話せた。8年前の、あのときの感謝の気持ち、あのときの経験があっての今の日本の活動が順調であることを伝える。

日本でのLIVE映像を見せるとめちゃくちゃ喜んで、曲をほめてくれる。

そして、まさかの、明日のLIVEのお誘い!!　ここで最初に一緒にやったよな！　と覚えててくれ、さらに、まさに、同じFM局「40Principales（クォレンタ・プリンシパレス）」主催のこの同じイベントだったと、パッと思い出してくれ、そのシンクロの興奮をそのままに、明日なにかしらで一緒にステージに上がるのはどうかと。

鳥肌!!!

8年半前とまったく同じテンションや言いまわし。ぜひ!!

時間やイベントの関係で、厳しいかもだけど、みんなに話してみるよって。

あのお誘いの感じだと、可能性は低く、おそらく実現は20パーセントくらいの確率だろうが、万が一、ことがうまく進めば数万人の前で歌うことになる。まだ、歌えるかどうかも分からないが、どうせ、無理でしょ……と思うより、もし、そうなったときのために、「I'm ready」の状態でいることが大事なんだろう。

夜は、「クカラマカラ」というお店が、昨日パフォーマンスさせてもらったガイラと並んで、ボゴタのホットな音楽スポットということを聞きつけ、行ってみると……入り口で後ろから声をかけられる。あれ？　イケメンギタリストのアンドレスじゃねーか !!　今日、リハで再会してから、また会えた。うれしす。からの、（当時アンドレスの店カサ・デ・エケーコで一緒に演奏した）ドラムのフリアンとの再会。ボーカルのやつを紹介してくれ、さらには、店の人に話してくれ、いい席を用意してくれた。

1部のLIVEが終わってから、フリアンが楽屋に連れてってくれ、バンド仲間に紹介してくれ、一緒に何かやろうぜってことに !!

でた !!　ボゴタミラクル !!

一人でやることもできるが、どうしてもミュージシャン仲間と一緒にやりたかった。急遽、譜面と歌詞を書き、コピーを頼むもないと言われる。やむを得ず、まさかのダッシュで7人分手書き。メンバーに渡す。

そしていよいよステージに上がる。ベサメ・ムーチョショートバージョンでひきつけてからMCでしゃべり、「La cancion…」で大盛り上がり。

ボゴタの素敵な夜は、突然始まる。今日なんかほんとにご飯を食べにきただけのつもりだったのに、入り口でアンドレスに会ったところからすべてが始まった。いかに8年半前にここのコミュニティーと深くかかわりあっていたかを、今、あらためてひしひしと感じる。

つながっていくね。

11月17日（土）
コロンビア4日目

イベント開始の1時間前だというのに、アンドレス・セペーダのマネージャーのルイスから連絡がまだ来ない。

ボゴタNo.1のラジオ局「クォレンタ・プリンシパレス」主催のイベントに、アンドレスがトリで出演（すっかり大御所になり、トリを飾るまでに）。

そのアンドレスのLIVEの中で、ナオト一緒に何か歌わないかと、8年前と同じように、アンドレスから、ものすごい大きなお誘いを昨日受けたのだが、イベント主催者側が厳しいようで、そう簡単に歌わせてもらえそうにはない。

主催者側の回答を待ってたら会場に入るのが遅くなってしまう。歌わせてもらえるどころか、入れてもらえる確証もない状況だが、とりあえずイベント会場に向かうことにした。

第一関門、車両の楽屋口。「アンドレスと今日歌うんだが……」

開いた。わお！

第二関門。「アンドレスと今日歌うんだが……」

開いた。わお!!!

そして、第三関門は、いよいよイベントの出演者の楽屋の入り口だ。ここさえ入れれば、あとは何とかなる。何しろここに入れなかったら、すごすごとホテルに帰ることになってしまうのだ。

ここに入らないと何も始まらない!!

コロンビアまでやってきてるというのに、それはありえない。

ドキドキの緊張の中、警備員に、「アンドレスと今日歌うんだが……」そう伝えると、「ちょっと待て」と、中の人間に確認しにいく。

なかなか警備員は戻ってこない。その不安の中待たされている時間は長く感じる。
　まだか。いけるのか。やはり、最後の関門は厳しい模様。
　そして、待つこと3分。警備員が戻ってきて、「OK、入れ」と言い、まさかの、なんと、アーティストパスをくれたのだ。
　よっしゃ～!!!　ともあれ、入れたぞーー!!
　外の人間から、内の人間に成り上がったぞーー!!
　っというものすごいうれしい感情を頑張って押し殺しながら、楽屋の中にずいずいと入っていく。
　このイベントの関係者サイドに入れたのはまずでかい!!　さらに、なんと、専用の楽屋を急遽用意してくれるという、想定外のかなりのVIP扱いである。
　そのとき、アンドレスのマネージャー、ルイスから連絡が入る。
「今日は、申し訳ないんだが、残念ながら、イベント側からNGが出て、入れてあげられなくなった」と。
　いやいやいや、ルイスさん、こちら、実はもうすでに、中に入れてまして。
　つまり、オフィシャルの回答を待っていたら、入れなかったのだ！　思い切って、自分の力で入って来たからこそ、起きた奇跡だ。
　しかし……そんな喜びもつかの間、アンドレス担当の舞台監督がこっちに寄って来る。
「俺はお前が歌うのは気に食わない。お前が歌う時間なんかないんだ。ただアンドレスに言われたら、それは仕事として、受けるけどな」
　というなんとも乱暴な言葉を浴びせてきたのだ。
　昨日のリハのときから、こいつだけは、一人、俺がミュージシャン仲間らと再会を喜んでいるのを、実に冷たい目で見ていたのだ。
　めちゃめちゃムカついたので、「いやいや、お前に関係ないから。そんなこと言う必要もねーから！　アンドレスが決めることであって、お前は関係ない」っと、言い返してやった。
　あとは、アンドレスと話さないことには、歌えるかどうか、誰も分からないのだ。

19時半。遂にアンドレスがやって来た。楽屋に入っていく。タイミングを逃す。

楽屋の入り口もさらに警備員が2人、厳重にドアのところで立っているので、入れてくれと言ったが、入れてくれない。ファン的な人たちが、楽屋前に群がっている。

これじゃ自分も、いちファンのようである。どうしたらいいんだ。

15分、もやもやしながら、タイミングを見計らう。警備が一瞬ゆるくなったタイミングを見つけて、スルスルっと楽屋に入ることに成功。この瞬間180度、自分の立場が変わったといって、よいだろう。

ミュージシャンたちと挨拶をした後、アンドレスに挨拶に行く。すると、アンドレスのほうから、「今日どうしようか？　何歌う？」と。

よっしゃ、これで歌えるも同然。

ただ、持ち時間がそんなに長くないので、そのときになってみないと分からないという。昨日のクカラマカラでの経験を生かし、ミュージシャンに譜面、アンドレスに歌詞は、渡せた。歌えるかどうかは分からんが、できることはすべてやっておこう。あとは、アンドレス次第だ。

そして、何組ものアーティストのLIVEが終わり、いよいよトリであるアンドレスのLIVE。

時間が予定よりだいぶ遅れて始まった。大雨の中、次々にアンドレスが歌っていく。お客さんもずぶ濡れになりながらも、アンドレスの圧倒的なパフォーマンスに興奮状態。雨も手伝って、もうぶちあがるしかないというテンションで、会場は異様な空気に包まれている。

LIVEが始まってから、いつアンドレスに呼ばれてもいいようにステージの袖でずっと待機している。しかし刻一刻と時は過ぎていく。

LIVEも終盤、国民的歌手カルロス・ビベスが特別ゲストでステージにあがり、アンドレスと2人で歌う。お客のボルテージは最高潮。二大国民的歌手が雨に濡れながら、楽しそうに歌うのだ。なかなか立ち会える場面じゃない。

そして、その曲を最後に1時間に及ぶアンドレスのステージは幕を閉じた。

ステージ上のアンドレスから自分の名前を呼ばれることはなかった。

結局、歌えなかった。歌いたかった。悔しかった。

っが、しかし、悔いはなかった。やるだけのことはやったから。

できる限りの準備をした上でのアンドレスの決断だったから、受け入れられた。

アンドレスはステージを終えてすぐ、ステージ袖で待機していたオレのところに自ら寄ってきてくれ、イベントの進行の時間がおしていたこと、大雨であったこと。それでもタイミングを探っていたことを伝え、ほんとにごめんと謝ってきてくれる。

そんなアンドレスの心がうれしかった。

昨日、おとといと、確かにいろいろうまく行き過ぎていたのだ。そんな全部、うまく行くわけないよな。

また、コロンビアに帰ってくる目的やモチベーションができたってもんだ。もっとしっかり日本で地に足つけて、いつか、胸を張ってアンドレスと一緒に歌えるように頑張れ、という神様のメッセージなんだろう。

その夜、カルロスとアンドレスに打ち上げに来いよ、と誘われる。ガイラの前に来ると、もうスタッフがスムーズに裏口に通してくれるという顔パスっぷり。

VIP部屋で、カルロスやアンドレス、さらには巨匠モンタネールさんとも初めましてをする。アンドレスがいろんな人に熱をもって紹介してくれる。

楽屋の中でアンドレスと一緒に「tengo ganas」「La cancion…」を歌う。カルロス筆頭に盛り上がってくれる。

カルロスは初めてオレの生の歌を聴いてくれたのだが、ものすごい温かい眼差しをしてくれていた。
　木曜に引き続き、今日もショーに出れるのかと聞いたら、スタッフやミュージシャン周りは、時間がないから厳しいという。
　カルロスに直訴。やりたいと。
　もちろんだ、やろうやろう。一気に状況変わり、やれることに。
　ミュージシャンたちに譜面を渡す。
「ベサメ・ムーチョ」からのMCからの「 La cancion…」。クカラマカラでつかんだ流れで。
　そして、「 La cancion…」を歌っている途中、2番で、アンドレスがステージに来てくれたのだ!!　まさかの8年ぶりの夢の共演がこんなタイミングで実現。
　今日シモンボリーバルのイベントで叶わなかったことが、このガイラのステージで実現したのだ!!!
　盛り上がってくれていたお客さんも、さらにアンドレスが飛び入りできたもんだから、かなりのヒートアップ!!
　悲鳴にも近い歓声が会場を包む。
　アンドレスも一緒に一生懸命歌ってくれる。
　最高の瞬間だった。アンドレスの男気に触れっぱなしだ。
　曲の終わり、バンドをしめる。惜しみない拍手をいただき、ステージを後にする。

　シモンボリーバルのイベントで歌えなかった悔しさ。それがあったからこそ、今、アンドレスと歌えた喜びが何十倍にも変換されて感じられている。
　すべてがうまくいくわけじゃないけど、強く信じて願っていれば、次につながっていくんだなぁ。

11月18日（日）
コロンビア5日目

朝までガイラで飲んでいたため、20分睡眠での5時集合。フリオ・ナバに会いにカリにやってきた。カリのビバリーヒルズ的、閑静な高級住宅地にフリオの実家はあった。門構え、庭、建物、すべて、お口あんぐりである。めっちゃおセレブ〜。

フリオ、パパ、ママと再会のハグ。フリオのべっぴんの妹ジェニーとも電話で話す。そのジェニーの子供、バレリアの写真を見せてもらう。8年前カルタヘナで会った当時は、2歳でヨチヨチだったのが、今では10歳の少女だ。

地下のスタジオへ。お互いの最近の活動を伝えるべく、音聴き会を。LIVEの映像を見せるとめちゃ喜んでくれる。

わずか、2時間のフリオ宅滞在だったが、空港まで送ってくれるということで、さらに30分、話し続けた。8年前に比べて人柄も音楽も成熟していてうれしいといってくれた。

フリオは相変わらずの濃い風貌に、冗談好きのナイスなキャラクター。

8年前、結構長い時間一緒にいた。その心地よさがまた今回会って蘇った。

コロンビアの旅　まとめ

・「Not perfect」
　完全じゃないから面白い。満たされないから頑張れる。次、また目指すべき未来へ。

・「旅ともちょっと違う感覚」
　今回は旅に行った感覚とはちょっと違う。以前訪れたコロンビアに、前に会った人たちに会いに行く、旅と100パーセント言い切れない何かがある。旅というより、音楽活動してきた感もあるため。あと、旅というのは、自分の場合、初めての土地に行くことを主に指す気がする。行く前のわくわくも含めて。

・「何が起きるか分からない」
　今回の旅の唯一のアポは、アンドレスと初日に会うことだけ。それ以外は、すべて、ボゴタに行ってから起きた出来事。
　初日以外の予定は完全白紙だったが、終わってみれば、毎日、劇的、刺激的に予定びっしりで忙しかった。全部やりきった1週間の滞在と言える。

・「コロンビア人は人がいい」
　アンドレスもカルロスも懐が深く、広い。
　有名なのにもかかわらず、実に振る舞いがナチュラルだ。まず、人に優しい。子供に優しい。ファンに優しい。人と人をどんどん紹介してつなげていく。
　今回、こうして1週間の充実したときが過ごせたのも、彼らのそういった気質のおかげだ。

HOMECENTER

Cigarreria

HOLLISTER

HOLLISTER

KUKARAMAKARA
KUKARAMAKARA

“I'm Ready”でいること

KUKARAMAKARA

KUKARAMAKARA

ワールドツアーしなきゃね。
夢では終わらせられない。

SAMSUNG

全部うまくいっても
面白くないよ、人生。
悔しいことがあるから、
次うまくいったときに
何倍も嬉しい。

Next time!

ドミニカ共和国

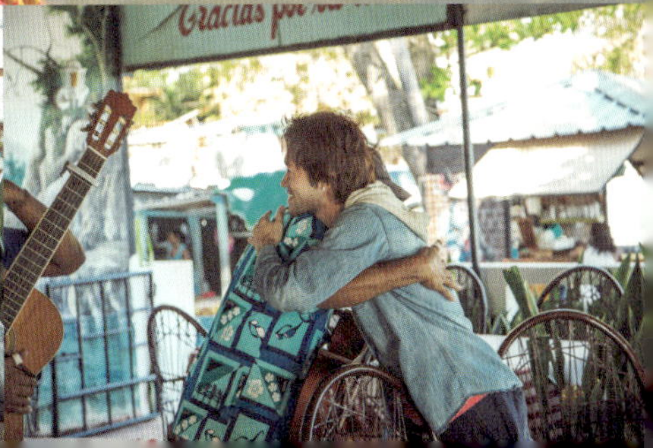

THE
MUSI

ここは楽園だ

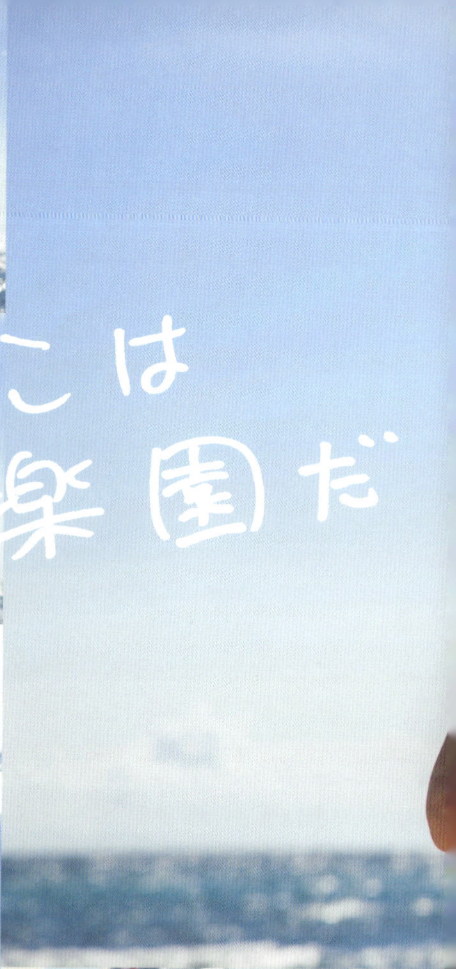

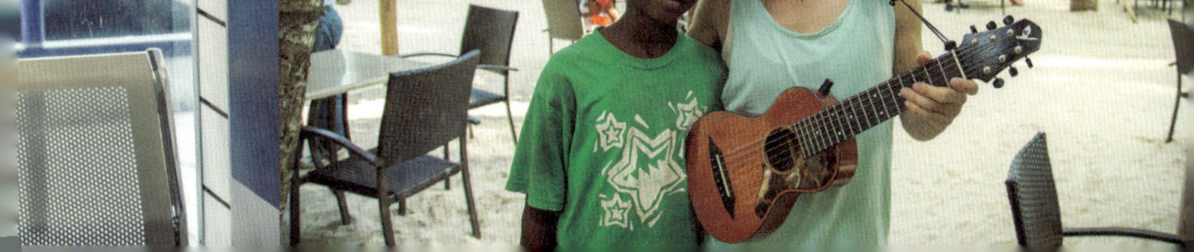

GER
9

音楽は自分がいるところがどこか、
感覚で教えてくれる。

2月6日（水）

成田→ニューヨーク→ドミニカ　旅初日

成田からNYへ10時間半。NYで1泊からの、NYからドミニカへ3時間40分。

ついに念願のカリブ海の旅が始まる。

ドミニカ共和国。

今から9年前、世界一周の旅で南米を歩いているとき、サルサ、レゲトンについで、かなり人気だったのが、メレンゲとバチャータ。両方とも聴いた事もないジャンルだったが、思わず腰が揺れてしまう軽快なリズムのメレンゲ、ロマンティックに歌い上げるラテン系バラードのバチャータ。両方ともどんどんはまっていき、いつか、その発祥の地を訪れたいと思っていた。

ドミニカの空港につくと、わお！　絶景。こんな眺めのいい空港は、他にちょっと思い出せない。

空港のターミナルから外を見ると、その先に海がドーン!!　カリブに来たんだと、即実感。

お腹がすいたので、お昼ご飯をビーチに食べにいったら、たくさんの人で賑わっている。チキンの串刺しとサラダを食べる。

食べていると、流しのミュージシャンが近くに来て、頼んでもないのに勝手に演奏を始める。

最初に来たのが、ギター3人を擁する5人組。ラテンヒットメドレーを聴かせてくれる。

チップを渡し、また食事をしていると、次の集団。

さっきとはまた編成が違う。キューバ発祥のギター的楽器トレイスに、箱ベース（名前忘れた）、アコーディオン。メレンゲやバチャータを演奏するドミニカの伝統的な編成だそうな。

こんなにシンプルな編成、音の構成にもかかわらず、オーケストラのような、この迫力と一体感。

お昼から、風と海と音とビールが気持ちいい。カリブ海にやってきた。

音楽は、自分のいるところがどこか感覚で教えてくれる。

食べ終わって、ビーチを歩いていると、現地の若い兄ちゃんたちが、海で泳いで騒いでいるではないか。

いいなぁ、気持ちよさそう……と思った次の瞬間。

いや、オレも入りてーーーなーーーーー。

そうなるとこの感情は抑えられない!!

手元に海パンもないくせに、服を脱ぎ、ボクサーパンツ一丁になり、一目散に駆けていき、そのまま海にダイブ!!!　いい感じで深く、現地の兄ちゃんたちとプカプカ浮きながら、はしゃぐはしゃぐ。

めっちゃ気持ちええやーーーーーんん!!

やっぱこうして、キャッチ・ザ・モーメントせなあかんなぁ。

いいなぁ、気持ちよさそう……って傍観してたら、全然おもろないもんなー。自分がいかに楽しむか……攻めの旅がやはり自分らしい。

その後、ホテルにチェックイン。やや時差ボケのため、昼寝15分。

18時、メインストリートを歩く。なんとなく分散していて、あまり面白くない。何かが起きる気配が少ない。

タクシーの運ちゃん、若い連中に、どこかでLIVEが観れないか、いけてるクラブはないかの聞き込み調査。

そして、ベネズエラ通りというところに行けば、いわゆるクラブ街になっていて、たくさんお店が集まっているといい、そこでLIVEも観れたりすると。情報キャッチ。

やっぱ自分の足で進んでいくのだ!!

夜ご飯は中華もやってるお店で、チャイニーズスープとチャーハンとカリカリチキン。

めちゃおいしい。食べ物に困らないのがいい。ただ、トマトは今までの人生で食べた中で一番味がなく、まずい。

ここドミニカの首都サントドミンゴは、思っていたより観光が発達していて、いい感じで栄えていた。その中に「これからの国」特有の匂い、街灯の暗さ、人懐っこさなんかも織り交ざり、旅をするにあたって快適と冒険のバランスがとれた国だと感じる。

夜ご飯後、23時、クラブ街に繰り出す。

ベネズエラ通りの角にある「DRINK」という、なんともまんまな安直な（笑）ネーミングのクラブに入ってみると、いわゆるドミニカのハイクラスのいけている男女が集まる人気のスポットだった。街中にはかなりぽっちゃりな女性も少なくないが、このお店の中にはスタイル抜群のセクシーラテンガールがたくさん。近くのバルバドス出身のアーティスト「リアーナ」的なお姉ちゃんがあちらこちらにいるのだ。

DJのかける音楽も、メレンゲ、バチャータ、サルサ、レゲトン、デンボウといったラテン音楽のオンパレード。それに合わせ、みんな踊る踊る！

踊り文化のあるラテンのクラブはいつ来ても楽しい。

スペイン語の音楽も心地いい。

2時半、部屋に戻る。

3時半、就寝。

時差ボケもなんのその……初日からフルで動いたので、ぐっすり。

なんせ、ドミニカはあと1日しかない！　ドミニカン・ミュージックを全力でなるたけ感じたい。

2月7日（木）
ドミニカ　旅2日目

今日の1日。
12時、昼ごはん。
15時、移動して映画の主題歌のPV的撮影。
17時、楽器屋でグィラを購入。
18時半、CD屋で、メレンゲ、バチャータ、デンボウ等、ドミニカ音楽CDを買いあさる。19枚。約16000円。
20時、ドミニカ料理。ライスにチキン、スープ。
23時、生演奏探し。
24時、海沿いの通りで、メレンゲの小バンドの演奏を体感＆体験。
2時、帰宅、映画のオフラインチェック。
5時、パッキング。
6時、まさかの徹夜で集合。空港へ、パナマ経由、トリニダードへ。

メレンゲは18〜19世紀に流行した、スペインの音楽にアフリカのリズムが混ざり合ったもの。
そんなメレンゲを感じるために来たのに、このカーニバルの時期は、週末は街のあらゆるところでメレンゲっているのに、平日はあまりメレンゲってないとのこと。
うぅ……どこだ……と探していると、海沿いの通りで、メレンゲの小バンドを発見！
アコーディオン、タンボーラ、ベース、グィラ＆キックの4人。
リズムのかみ合わせがすごい。絶妙なコンビネーション。ボーカルの声量もすごい。

音あるところに人が集まってくる。
男女のペアが次々に寄ってきて、体をくっつけ合って踊り始める。
こっち中南米は、「音楽を聴く」っていうよりは、「音楽で踊る」という感覚が強い。音楽はもともとは踊るためのものだったんだなぁ。
ふと、ジャズの代表的存在のベニー・グッドマンのことを思い出す。
当時、ジャズは大衆を踊らせるための音楽だったが、ベニーが吹いているそのすばらしい演奏に、踊りを止め、その音楽を聴き始めたのだ。この瞬間に POP ミュージックが生まれたのだという。
「踊るための音楽」が、「聴くための音楽」になった瞬間。
踊りながら、サビは一緒に大合唱。
ドミニカに来てから何度もそういった瞬間に立ち会った。
音楽が人々の生活になじんでいること、共通のヒット曲があること、歌い継がれていること。実に音楽が豊か。

ストリート LIVE を終え、片付けに入っているバンドの人に、話しにいく。
すると、こんな感じで太鼓は叩くんだって、教わる。メレンゲのリズムパターンを教えてくれたので、やってみると、うわ！　気持ちいい。
そこに、楽器を片付け中の他のバンド連中も楽器を再び取り出し、オレのリズムの上にのってきてくれる。
ちょっとつられながらも、教わったばかりのパターンを叩き、みんなの音を聴いていると、だんだんトランシーになってきた !!
周りのギャラリーがまた踊り始める。
気持ちいい。もちろん、自分の音楽を聴いてもらうってのも、うれしいんだが、自分の演奏で人が踊ってくれるっていうのはうれしく、楽しいものだ。つまりダンスミュージックってことか。
そんなことを感じた日。

2月8日（金）

ドミニカ→パナマ→トリニダード　旅3日目

ドミニカからトリニダードまではパナマで乗り換え。

飛行機で1時間半でパナマへ。乗り換えて、3時間でいざトリニダードへ。

ナオト・インティライミ音楽は、ジャンルレスなものだ。大まかに分けると主にPOPSだと思うのだが、そこには、R&B、RAP、ファンク、レゲエ、レゲトン、ラテン、アイランド……と、アルバムでは曲ごとにジャンルが違うくらいミクスチャーだ。

その中でも大きな影響を及ぼしているのが「ソカ」。ソウル・カリプソの略であるソカは、トリニダード・トバゴで生まれた音楽だ。

生まれて初めてソカという音楽に触れたのは、10年前、世界一周の旅の途中、ヨーロッパはロンドンにいたとき。街でなんとも新鮮な、そしてクールな音楽がふと流れてきた。

R&Bっぽいが R&B じゃない、レゲエっぽいがレゲエじゃない。

その曲について聞き込みをし、調べてみると、どうやらカリブ出身のケヴィン・リトルというアーティストの歌ということが分かり、それはソカという音楽だという。

その「Turn me on」という曲が世界で初めてビッグヒットとなったソカの曲で、そこから世界中にソカという音楽が広まっていったのだ。

その後、いつのまにか大好きになっていたソカ。デビュー曲の「カーニバる？」は紛れもなくソカチューンであり、数々のソカの曲をアルバムに入れてきた。

自分の性分にめちゃめちゃ合ったソカという音楽に触れたい。

それが今回トリニダードに来た目的だ。長年の夢。

さらに、年中音楽が溢れているトリニダードだが、2月のカーニバルウィークは最高にヤバイ!!　という話を以前から耳にしていた。
なんせ、世界3大カーニバルの一つ！
まさにそんなタイミングで来られたことが何より、ありがたく、うれしい！

トリニダード初日。
ナオト的旅の流儀、初日から攻めて攻めて攻めまくれ。ってことで、夜は、KES、マーシャル、ブンジといったこっちの有名なアーティストたちが出るイベントをさっそく観にいく。
うわーー!!　いきなり喰らった〜!!　なんなんだあのヴァイブス。最高にかっこいい。
エッジの効いたソカサウンドにオーディエンスもずっとボルテージ最高潮!!
特にKESは最高だった。もともと日本にいるときから気になっていたアーティスト。なんかちょっと自分に近いかも〜って思ってて、LIVE観たら、もうかなりスタイルが近くて、音楽性も、パフォーマンスの仕方も。
LIVE終わってから楽屋に会いにいけて、話したら、いろいろお互い感じあい盛り上がり。
一緒になんかやれたらいいなー。
もうすでに朝の5時をまわっていたのだが、ゲストハウスに戻ることもなく……アフリカの伝統のカーニバルが朝4時から始まっているというので、そのまま直行！
初日にもかかわらずフルで動きまくる。
トリニダードの歴史を題材とした黒人の伝統的な儀式のパレード。
さっき聴いてた今風の音楽とは全然雰囲気の違う、ルーツなパフォーマンス。圧巻。
竹を地べたに叩きつけたり、叩いたりして音を鳴らすリズム集団にも絡み、一緒にやらせてもらったり、昨日からだからもうかれこれ40時間くらい寝てないのに、アドレナリン出まくり。

そろそろ帰ろうかなぁ〜、と思ってた頃……何気なく、ワインをしたら、気がついたら、大勢の人たちに囲まれてしまった。

「ワイン」とは、こっちの俗語で、腰をセクシーにまわすことをいう。お酒のワインのグラスをまわす動作からきているといわれている。

こっちの人たちは音楽に合わせて、男子も女子も、腰をワインする。一人でワインするだけでなく、ときにカップルの相手と、ときに通りすがりの知らない人と、いわゆる夜の営みの、立ちながら男子が女子の後ろからするあの体勢で腰を激しくまわし、ワインするのだ。

日本で知らない人にいきなりワインしたら、どんびきからのチカン扱いでしょっぴかれるだろうが、こっちの文化の中でワインはむしろ中心部分にあるのだ。基本、音にのるとみんなワインしているのだ。

実際、ブラブラ歩いているといきなり、トリニダードガールにお尻を向けられ、つまり自分のあの辺りに、お尻をグリグリ、グリングリン、セクシーにまわしながらおしつけられる。

こっちもつっ立ってるのは失礼なので、ワインしてみる。

あ〜〜〜〜!!　まあ完全に愚息がその刺激によりカティンコティンに。

うぉーー!!　最高すぎる！　天国すぎる!!!

ワイン上手のおネーちゃん〜、お名前なんつーの??

なんて、その次のステップに進もうと思っていると……ん？　いない。あれあれ……もうあっちいって違う男とワインしてるよ。

いわゆるそういった男女のワインは、こっちではどうやら挨拶程度なものらしい。

すっかりその気になってしまってたよ……勘違い勘違い。お恥ずかしい。

興奮しすぎて、ワインについての説明が少々長くなったが……（笑）。

アフリカの伝統のパレードを後にして帰ろうとしていたときに、何気なく音楽に合わせ腰をワインさせていたら、いつのまにか大勢の人たちに囲まれていた。「日本人がワインしてる」ということに興味をしめしてくれているのだ。

人が集まるとだんだんテンションあがってきて、エンターテイナー魂が一気に燃え上がる。

ワインをだんだん激しくしていき、体を激しく動かし、ダンス、ダンス、ダンス!!!

歓声が一気にあがる。数にして実に300人くらいの人がオレの周りを取り囲む感じで集まってきた。

アイデンティティを提示すべく、「サムライ・ワイン」と称し、刀で切る動きや、盆踊り的な要素なんかを入れてみながら、踊る踊る踊る!!!

観衆はサムライ・ワインという響きも面白がり、いいぞ!!　いいぞ!!　どんどんやれやれ!!　っと。

円になっている観衆の中から、一緒に踊る人をジャスチャーで募ると、60歳くらいのおばちゃまがその円の中に入ってきてくれ、一緒に踊る。そして……ワイン。

その絡みにも当然、観衆はテンションあがりまくり!!

若いお姉ちゃんたちも、サムライ・ワイン体験をしにどんどん近寄ってくる。まさかの大モテ。

10分くらいの即興ダンスショーの幕を閉じたとき、気がついたら、夢中で息はぁはぁの、Tシャツびしょ濡れ〜の、靴&靴下脱ぎーの、裸足。

時間はなんと朝の8時半。興奮で時を忘れてた!!

初日なのに……。初日マジック……おそるべし。

2月9日（土）
トリニダード　旅4日目

初日なのにかなり激しい朝帰りだったので、まさかのお昼の12時寝、18時起き。

カーニバル時期のトリニダードは基本みんな、夜な夜なパーティーに繰り出しているので、こういった逆転の生活になるという。初日からいわゆる現地になじんだ形だ。

今日は、まずは衣装コンテストを観にいく。リオのカーニバルにも近い、派手派手な個性的な衣装をまとい、1チーム一人ずつがテンポよく歩いていく。

そのときの音楽を、日本ならDJなどで音を流すだろうが、こっちは生バンド。しかも、昨日観た人気歌手KESが1時間くらい曲つなぎで、ずっと歌いっぱなしなのだ。いわゆるBGM的な扱いであるのにもかかわらず、贅沢な起用だ。

その後、夜通しで行われるトリニダードの紅白歌合戦的催しもの、「ソカ・モナーク」をスタジアムに観にいく。

持ち時間一人6分。1曲ずつ歌っていき、その年のソカキング、ソカクイーンを決めるのだという。

会場には4000人くらいの大盛り上がりのオーディエンス。その模様は全国放送で生中継。ソカ・モナークを途中まで観たところで、とある高校の敷地でやってるイベントに移動。

トリニダードにやってきて、3度目のKESのLIVE。やはり、そのノリ、ヴァイブスが近くて非常に親近感を覚える。

明日は朝から子供のパレードがあるので、今日は早めに寝ることにしよう。3時寝。

2月10日（日）
トリニダード　旅5日目

11時〜14時　子供パレード

すごいリズム感。そりゃ子供の頃からこの環境にいたらそうなるわ。衣装もかわいい。

日本の子供たちに体感させたい。

ストリートで子供パレードを感じ、その場を去ろうとしたとき、横に公園があり、そこでも子供たちがはしゃいで遊んでいる。

こんなにたくさんの人のはじけた笑顔を同時に見ることもない。

そんな、絵に描いたようなこの平和な空間。

ふと怖くなった。

ここに爆弾が落ちたら、一瞬ですべての笑顔が消える。

実際、今、世界のどこかで血を流し、お腹をすかせ、泣いている子供がいるのだ。

歓喜の裏側。

みんな笑っていてほしい。

若手売れっ子プロデューサーであるクラス。

初日、KES周りで出会い、仲良くなり、マイスタジオがあるというので、遊びにいかせてもらう。

15時〜20時　クラスのスタジオ

・お互いの曲聴き会

・曲作り相談交渉
・ソカトラック作り

クラスとのスタジオ作業中、KESから興奮の電話。
「タカラモノ」のサビを口ずさんでくれている。
「ナオト！　マーーッドュ（ヤバイぜの意）!!　今、移動中の車でみんなでもらったCDを聴いてんだけど、最高にかっちょいいし、何より声やばし！　なんか一緒にやりたいんだが！　明日か明後日かオレのLIVEで一緒に歌わないか！」
まさかの急展開!!
俄然、ワクワクしてきたトリニダードの旅。

22時　スティールパン
ストリートにて練習しているスティールパンのチームの演奏を見る。初体験。
すごいサラウンド感!!
低音から高音まで。
幾重にも重なるリズムとメロディとハーモニー。
ハンパない!!　いわゆるヴァイブスという名のノリがすごい。
すごい迫力。より近くで体感するとだんだんトランスしてくる。鳥肌立ちっぱなし。
そのバンドの中心で叩いていたのがマニッシュ。
日本にもう20年住んでいながら、毎年トリニダードにもカーニバルには、必ず戻ってきて、参加している有名スティールパニスト。
日本でも教えたり演奏したりして、スティールパンの文化を広めているという。
マニッシュ先生に初めましてと挨拶。教えてほしいとお願いする。

深夜2時半　毎夜いろんな会場でLIVEをしているKESに会いに行く

電話で誘いを受けてた話をつめに。明日の最後の回で一緒にやろうと。即興で日本流の歌をやれ、と。

2月11日（月）
トリニダード　旅6日目

朝起きると、ゲストハウスの大家さんである老夫婦が、共同リビングスペースでオレのことを見つけるなり。
「あなた!!　昨日、TVのニュースに出てたわよ!!　世界中から人々がこのカーニバルに集まってるっていう紹介のとき、20秒くらいあなただけが映りっぱなしだったわ！」
ナオト「まじか？　オレが踊ってるところ映ってた？」
老夫婦「いや、ただ立って、パレードを見てるところだったわ」
ナオト「まじか？　あんなに基本的にワインして踊りまくってたのに、ただつっ立ってた瞬間だったなんて……残念無念……笑」
その後、街ですれ違う人にも、「あなた、新聞に載ってた日本人よね？」「TVで観たわ」などなど、いろんな人から声をかけられちょっといい気分。
相変わらず「サムライ・ワイン」を連呼して踊り、ときに人だかりができ盛り上がっていたので、「ヘイ!!　サムライ・ワイン！」と声をかけてもらうことも少なくなかった。
うれしいね。攻めの旅ができている証拠だ。
世界一周の旅がちょうど10年前、2003年8月の出発だった。23歳。今、33歳の旅人になって、旅のスタンスや人との絡み方、出来事の起き方など、変わってもおかしくないとも思っていた。
だから、今回、守りには入らず、ちゃんと自分から動いてたくさん感じていく、相変わらずの攻める旅をしていけたら、と思っていた。同じ旅のスタイルができてることに驚きと喜びを隠し切れない!!

午後、昨日会ったマニッシュ先生のところへ。スティールパンを習いに。
音の響き方、好き。
簡単そうに見えて、めちゃくちゃ難しかった。何より、音の配列が複雑で、ドの隣がレじゃないってことに驚き。
1時間のレッスンでなんとか1曲簡単な曲を覚えたが、奥が深すぎて、ちゃんとやるなら、たくさんの時間が必要だと思った。
いつか、ツアーでやったりもいいね。レコーディングではいろいろスティールパンの音、使いたくなるだろうなぁ。

その後、クラスのスタジオに昨日のレコーディングの続きをしに行くも、途中から体調悪くなり、宿に戻り、仮眠。
曲のベーシック demo はできたから、後は日本に帰ってから続きをやって、次のアルバムに入れられたらいいなーと。

23時、宿再出発。KES が出てるイベントに向かう。
KES に挨拶すると、すぐ、駐車場に連れていかれ、車の中で、よしじゃあ、この音に合わせて歌ってみてくれ！　っと。
「Tuesday on the Rocks」というレゲエ調の曲。昨日この曲で一緒にやろうと教えてもらっていたので、なんとなく考えてきたフレーズをちょっと歌うと、
「最高！　お前やべぇじゃん!!!　もっとできるか？　もっと即興でなんかできる？」
と KES 興奮。曲に合わせスキャットしてみると、
「わーー!!　そんな感じそんな感じ!!　まあ、曲中に呼び込むから、あとはヴァイブスでいこう」
みたいな簡単な打ち合わせがあってから1時間後、KES の LIVE が始まった。

1万人くらいのお客が集まっている。相変わらず熱いLIVEをKESが繰り広げ、お客を盛り上げている。
そして、「Tuesday on the Rocks」が始まる。
間奏になって、日本からの友達を紹介するって感じでステージに呼び込まれる。ゆっくりステージに出て行く。
まずはトリニダード的スラングでwhat's happeningを意味する「ウェップン・トリニダード!!??」。
挨拶を終えると、KESの振りが出る。
KES「日本流に歌を歌ってみてよ」
ナオト「OK、やってみるわ」
まずは、日本っぽくもあり、沖縄っぽくもあるメロディで。AH～で歌い上げておいてからの、スキャット的な早口でのリズム攻め！
観客大きな大歓声!!　キマった!!
ゆっくりからのたたみかけのGAPに沸いた！
そしてKESが「ナオト、ワインはできるか？」と聞いてきたので、ここは知らない振りして「え？　ワインってどうやるのよ？」とピエロになりきっておいてからの～、女性ダンサーが絡んできたので、そこからは腰を激しくクネクネまわし、ワイン!!
「サムライ・ワイーーン!!」
わーーー!!!　いいぞいいぞ!!!　とお客からまた大きな歓声を受け、心は昇天!!
やった!!!　ほんとにパフォーマンスできた！
しかも、ここトリニダードのカーニバルのイベントで!!
しかも、リスペクトする大好きなKESのLIVEで!!
いろんな興奮が織り交ざった。

LIVE終了後、KESをはじめ、バンドメンバー、ダンサー、スタッフ、みんな寄ってきてくれ、「お前、やったなー、すげーじゃん!!!」と声をかけてくれる。この評価がさらに喜びを倍増させてくれる。

３ヶ月前コロンビアでアンドレス・セペーダのLIVEで歌えなかったことのリベンジ的なのも面白い。なんというできすぎたシナリオなのだ。

すべてのことに意味がある。あの悔しさが確実に今日の成功につながってる。

あきらめず進んでいれば、望むことはきっといろいろ起きていく！

大事なことは、瞬間を感じること。キャッチ・ザ・モーメント!!

LIVEが終わったのが２時。会場を後にしたのが深夜３時半。

そのままのテンションでジュベのパレード!!　ジュベのスタートは朝４時過ぎ。

ジュベというのは、新しい一日を迎えよう、新しい一日に塗り替えていこうというお祭りで、ペンキやら絵の具やらをお互いに塗りまくりながら、練り歩きながら、新しい夜明けを迎えるというものだ。実際は夜が明けても午前中ずーっとやっている。

街中に流れる、スピーカーをつんだトラックや、お店からの爆音でかかっている音楽に合わせ、みんなカラフルにぐちゃぐちゃに汚れながら踊り、歩きまくるのだ。

ジュベこそ、輪の中に入って絵の具やペンキまみれにならないと、その楽しさが分からないと思う。

気がついたら、服も靴も何も、まみれまくり。ジュベの非日常性は「究極のパーティー」といってもいいだろう。

深夜の真っ暗な空から、だんだん明るくなっていく、新しい一日が始まるワクワク感。

そして、遂に太陽の光がさしたときのこの上ない開放的な気持ち、何でもできるんじゃないかというみなぎる思い。

最高の音楽を爆音でくらい、ビールやラムを飲みながら、踊り、人と触れ合いながら、その瞬間を迎えるのだ。

人生の中でおそらく、楽しい時間が一番長く続いた瞬間だったんじゃないか。

結局、5時間ぶっ通しで、気持ちが解放されていた。そこは楽園だった。
そして、やっぱり太陽になりたいって思った。
もっともっとインティライミになりたいと。
そう強く感じられた、今回の旅を象徴するような瞬間だった。

興奮冷めやらぬ中、9時半帰宅。カップヌードルやら、旅日記やら。
お昼の14時に寝る。
トリニダード5日目となる2月12日は、丸一日、ゆっくりして、最終日のメインのカーニバルパレード本番の日に備えることになった。

2月13日（水）
トリニダード　旅8日目

たっぷり一日かけて休養をとったので、完全に体力は回復。すこぶる良好。
太陽もサンサンと、この世界を明るく照らしている。
遂にそのときはきたんだ。カーニバル本番初日。
本番て？　今日までは本番じゃなかったのか？　とも思ったが、カーニバルウィークにあったすべての催しも、本番ではあるそうなんだが、最終日の今日の、いわゆるカーニバルのメインパレードは、ピークであり、クライマックスであるという。

朝8時に宿を出発。
遠くでドンドンという重低音が鳴り、今日もはじけたソカ曲が鳴っている。
宿の周りの通りはまだそんなに人も歩いていなく、嵐の前の静けさといった感じ。

なんとなく音のするほうに人が流れているので、その流れにそって歩いていく。

ちらほらとカーニバル的派手派手露出系の衣装をまとった人に出くわすようになる。

もうすでにパレードが始まっているところまでやってくると、そこでは、使ってない色なんてないんじゃないか!?　ってくらいの色鮮やかな衣装を身にまとった人たちが、爆音を鳴らしながら街を徐行するトラックの周りについて、踊りながらパレードしていた。

一気にテンションがあがる。

KESがトラックの上でLIVEをやる時間や場所の情報を仕入れ、そこで待つこと1時間。

あたりがザワザワし始めた。5台つらなっている3台目のトラックの中に、すでにKESはいた。

あわててトラックに後ろから寄っていき、KESを呼ぶと気がついてくれ、限られた人しかあげてもらえないトラックに手を引っ張ってのせてくれる。

しばらくしてKESのLIVEが始まった。

あまり出すぎた真似はしたくなかったので、KESの歌っている下で、盛り上げ役に徹していると、KESのマネージャーが、お前も上にあがれよと背中を押してくれた。このマネージャーはKESと一緒に移動時間にインティライミSONGを聴いて、はまってリスペクトしてくれている。ありがたや!!

マイクが1本しかないので、掛け合いの部分だけ、KESがマイクを向けてくれ、歌う。

KES登場とともに、トラックの周りに集まってきたオーディエンスの数は膨れ上がっている。

トラックからの眺めは格別。

オーディエンス、その奥に公園、空、雲。

ほんとにこの男はカッコいいと、一番近くの特等席でKESのパフォーマンスを存分に感じていた。

おとといのイベントでの飛び入りに引き続き、パレードのトラックでも一緒に歌わせてもらって、最高に気持ちが高ぶったよ。

やはり音楽が、歌が好きだと。

トリニダードのカーニバルは参加者一人一人が主役だ。

パレードにお客みんなも普通に参加している感じ。いうなれば、演者とお客さんの境目のないディズニーのパレードのよう。

地元《ジモ》ティも観光客もみな派手な衣装をまとっているので、区別がつかない。

音に酔いしれ、朝から晩まで踊る。

みな、幸せなことばかりではないはずなのに、その瞬間の笑顔は、すべてを忘れ自分を完全に解放しているようだ。

この世の中に存在する色はすべてここにあるんじゃないか。

ここは楽園だ。

と、何度も本気でつぶやいた。

またいつか……あわよくば……戻ってきたい。

その後フィナーレ的パレードで3時間！　ぶっ通しで狂喜乱舞！

ここんとこ、今、昼なのか夜なのかも分からない状態。

そんな興奮のまま、タイムリミット。

宿に戻り、シャワーを浴び、パッキングして空港へ。深夜24時過ぎ、ポートオブスペインの空港を発ち、NYへ6時間。トランジット7時間待ちからの、最終フライト13時間で成田へ。

もうクッタクタでヘットヘトだったため、13時間中10時間睡眠。

ぐっすり。

つまりグッドスリープ！

カリブ海の旅まとめ

トリニダードのカーニバルは、暫定世界一だな、こりゃ。

世界一周の旅のとき、世界一有名なブラジルのリオのカーニバルを体感。

規模はものすごいし、お金はかかってるし、ショー的要素でいったら群を抜いているのだが、客観的な感じは否めず。

一方ブラジルで一番音楽が豊かな町サルバドール。ここのカーニバルはもっともっと土臭い、生の太鼓の迫力はとんでもない！

自分も参加していて、毎日町中を演奏して歩いた。

トリニダードは、リオとサルバドールのいいところが全部入ってる感じかなー!!　派手な格好をして踊りまくるショー的なのもあるし、夜な夜なストリートで町中をパレードするし！

ひたすらソカを毎日爆音で喰らってたなぁ。

やっぱソカ大好きだって再確認。

直接現地で感じると表現の仕方も変わってくるね。

次のアルバムに入れるソカ曲のアプローチ、絶対今までと違うもんね。

ドミニカでメレンゲを感じられたのもうれしかった。

メレンゲのリズムも大好きだから。

今では YouTube や iTunes で世界中の音楽を観れたり聴けたりするけど、「体感する」ってことが大事なんだよね。

その腹に来る重低音や、楽器を弾いている人の表情なんかを感じたり。

世界には無数の音楽や楽器がある。

生きている間に、できるだけ多くの国を旅して、その土地土地の音楽を体感したい。

だから旅はやめられない。

また旅中毒になりつつある。

生涯旅人！

トリニダード・トバゴ

Catch the mo
その瞬間を

ment!!
逃すよ!

音楽が、
歌が好きだ

A.D. SOUND CO.

A.D. SOUND CO.

A.D. SOUND CO.

やっぱ太陽に
もっともっと

なりたい
イヴうくに

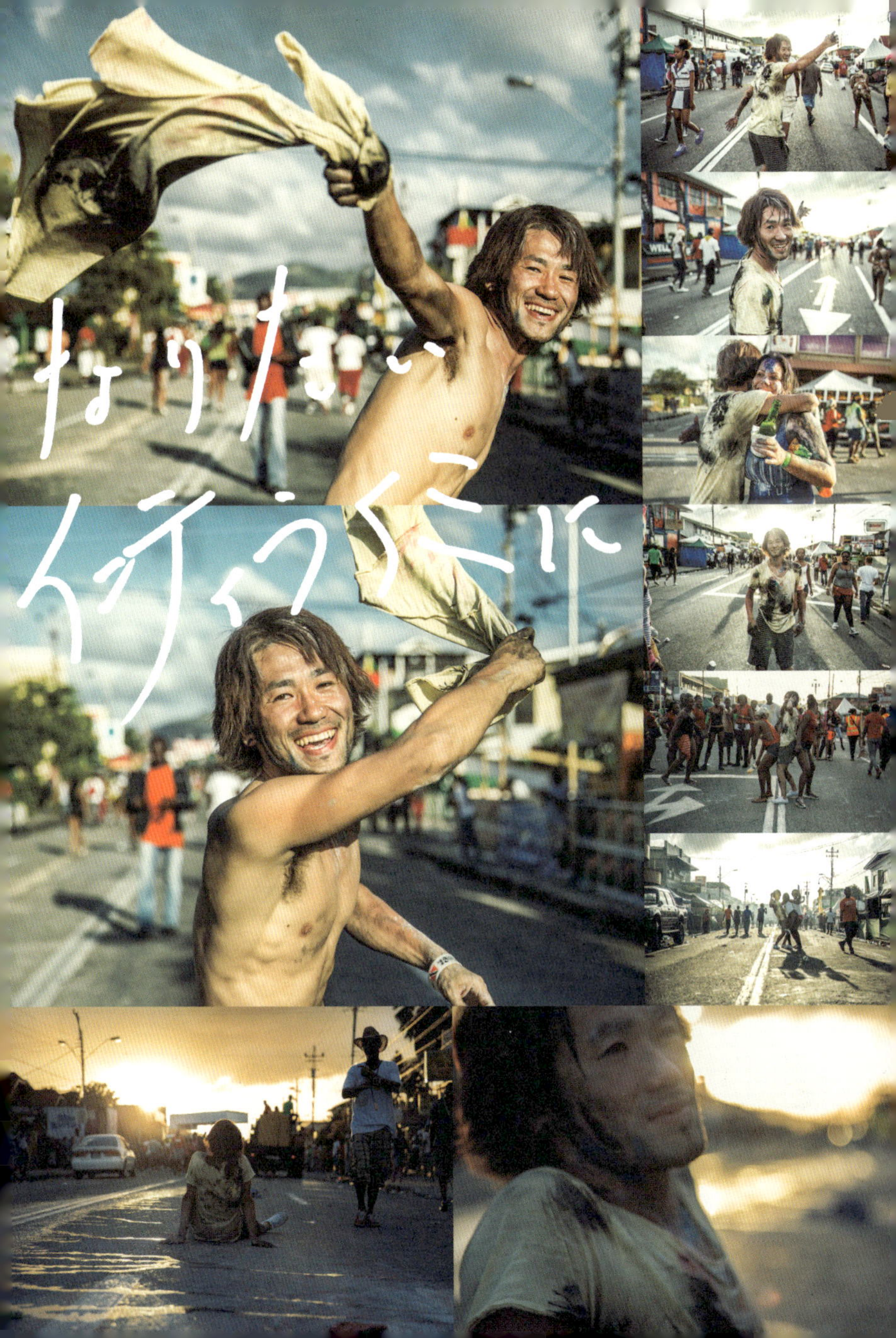

Hey!
SAMURAI WINE!

Stormy Sky

「Catch the moment」

シェイシェイ　カムサハムニダ
コップンカップ　トゥリマカシー
ダンニャバード　テシェキュレ
シュクラン　トダラバ

スパスィーヴァ　メルシーボク
グラッツェ　グラシャス　ダンケシェン
オブリガード　マハロ
アムセッグナーロ　バルジョエ

Shalalalala- ♪
Hello!　Nice to meet you.
Good-bye　See you again.
Shalalalala- ♪
ボヘミアンなラプソディー　今歌うよ

明日の天気　Nobody knows
何が起こるか　Nobody knows
危険なこともあるだろう
それでも旅をしよう

ハイリスクでハイリターン
ローコストでハイリターン
逃すなこの瞬間を
Catch the moment！
Catch the moment！
一瞬たりとも同じ瞬間はない

Shalalalala- ♪
Hello!　Nice to meet you.
Good-bye　See you again.
Shalalalala- ♪
お元気で　また会う日まで

どこまで向き合って
どこまで受け入れて
どこまでもつながりたいな
また感謝の気持ちを伝えきれ
なかったな・・・

Shalalalala- ♪
Hello!　Nice to meet you.
Good-bye　See you again.
Shalalalala- ♪
ボヘミアンなラプソディー　今歌うよ

Shalalalala- ♪
Hello!　Nice to meet you.
Good-bye　See you again.
Shalalalala- ♪
お元気で　また会う日まで

約束だ　また必ず会おう

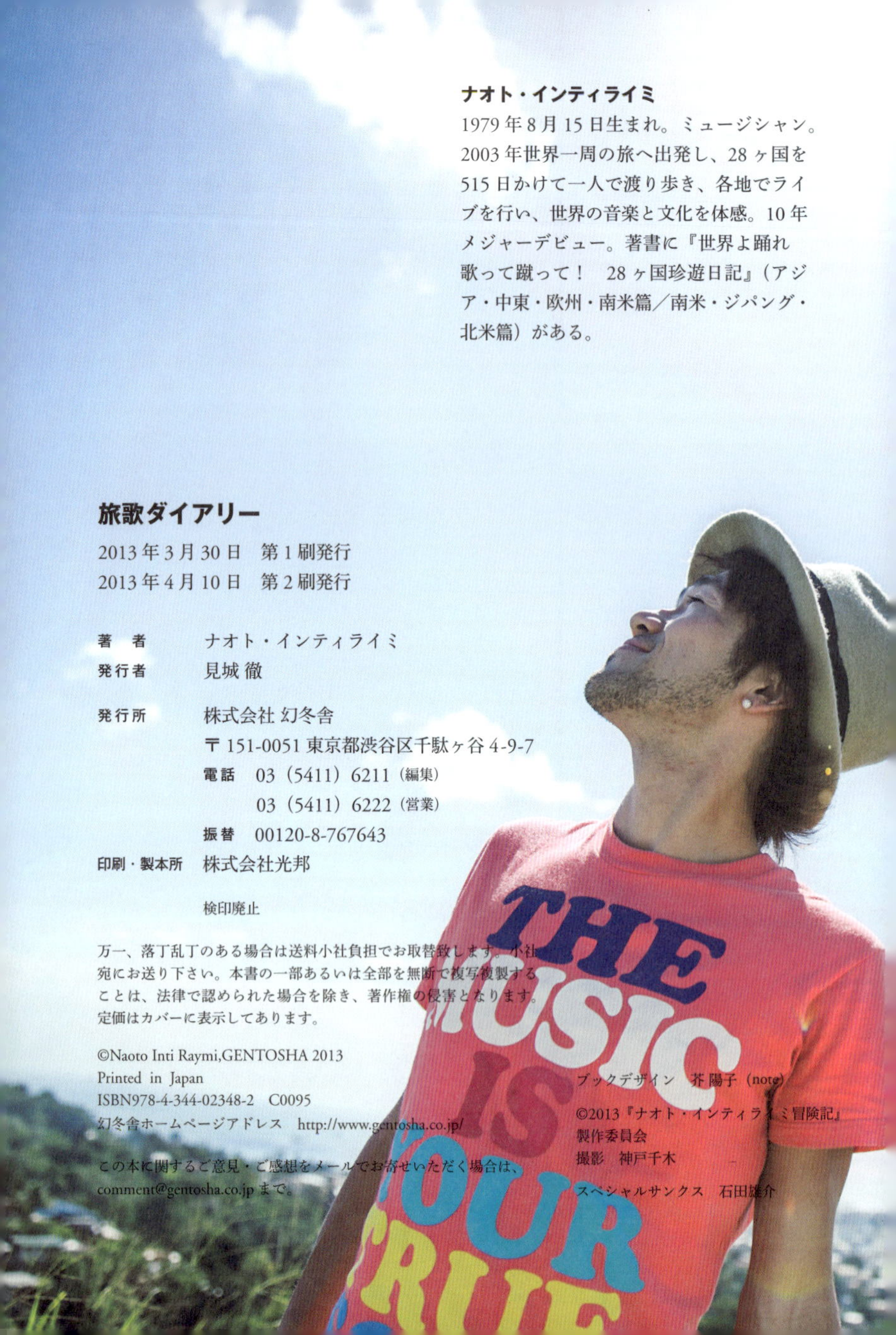

ナオト・インティライミ

1979年8月15日生まれ。ミュージシャン。2003年世界一周の旅へ出発し、28ヶ国を515日かけて一人で渡り歩き、各地でライブを行い、世界の音楽と文化を体感。10年メジャーデビュー。著書に『世界よ踊れ　歌って蹴って！　28ヶ国珍遊日記』（アジア・中東・欧州・南米篇／南米・ジパング・北米篇）がある。

旅歌ダイアリー

2013年3月30日　第1刷発行
2013年4月10日　第2刷発行

著　者　ナオト・インティライミ
発行者　見城 徹

発行所　株式会社 幻冬舎
〒151-0051 東京都渋谷区千駄ヶ谷4-9-7
電話　03（5411）6211（編集）
03（5411）6222（営業）
振替　00120-8-767643
印刷・製本所　株式会社光邦

検印廃止

ISBN978-4-344-02348-2　C0095
幻冬舎ホームページアドレス　http://www.gentosha.co.jp/

この本に関するご意見・ご感想をメールでお寄せいただく場合は、comment@gentosha.co.jp まで。

ブックデザイン　芥 陽子（note）

©2013『ナオト・インティライミ冒険記』製作委員会
撮影　神戸千木

スペシャルサンクス　石田雄介